Trindade

SÉRIE PRINCÍPIOS DE TEOLOGIA CATÓLICA

inter
saberes

Trindade

Elizabete Aparecida Pereira

Rua Clara Vendramin, 58 . Mossunguê
CEP 81200-170 . Curitiba . PR . Brasil
Fone: (41) 2106-4170
www.intersaberes.com
editora@intersaberes.com

Conselho editorial	Edição de texto
Dr. Alexandre Coutinho Pagliarini	Palavra do Editor
Drª Elena Godoy	Capa e projeto gráfico
Dr. Neri dos Santos	Iná Trigo (*design*)
Dr. Ulf Gregor Baranow	Tatiana Kasyanova/Shutterstock (imagem)
Editora-chefe	
Lindsay Azambuja	Diagramação
Gerente editorial	Renata Correia
Ariadne Nunes Wenger	Equipe de *design*
Assistente editorial	Sílvio Gabriel Spannenberg
Daniela Viroli Pereira Pinto	Iná Trigo
Preparação de originais	Iconografia
Larissa Carolina de Andrade	Regina Claudia Cruz Prestes

1ª edição, 2020.

Foi feito o depósito legal.

Informamos que é de inteira responsabilidade da autora a emissão de conceitos.

Nenhuma parte desta publicação poderá ser reproduzida por qualquer meio ou forma sem a prévia autorização da Editora InterSaberes.

A violação dos direitos autorais é crime estabelecido na Lei n. 9.610/1998 e punido pelo art. 184 do Código Penal.

Dados Internacionais de Catalogação na Publicação (CIP)
(Câmara Brasileira do Livro, SP, Brasil)

Pereira, Elizabete Aparecida

   Trindade/Elizabete Aparecida Pereira. Curitiba: InterSaberes, 2020. (Série Princípios de Teologia Católica)

   Bibliografia.
   ISBN 978-65-5517-561-5

   1. Revelação – Cristianismo 2. Santíssima Trindade 3. Teologia da libertação 4. Trindade I. Título II. Série.

20-35160   CDD-231.044

Índices para catálogo sistemático:
1. Santíssima Trindade: Teologia dogmática   231.044

Maria Alice Ferreira – Bibliotecária – CRB-8/7964

Sumário

Apresentação, 15
Como aproveitar ao máximo este livro, 19

1	Introdução ao mistério trinitário, 23
1.1	Mistério, 26
1.2	Por que a Trindade é um mistério?, 27
1.3	A Trindade é o mistério central da fé cristã, 28
1.4	Mas, afinal, em que consiste o mistério da Trindade?, 32
1.5	O desafio da compreensão da Trindade como mistério central da fé cristã, 37

2	A Trindade no Novo Testamento, 45
2.1	Vestígios trinitários veterotestamentários e sua menção no Novo Testamento, 48
2.2	Sistemática do estudo da Revelação trinitária neotestamentária, 52
2.3	A Revelação das Pessoas da Santíssima Trindade, 53

2.4	A Revelação da Trindade no curso da vida de Jesus, 59	
2.5	Compreensão da Revelação trinitária com base nas teologias neotestamentárias, 69	
2.6	Fórmulas trinitárias neotestamentárias, 70	
2.7	Visões trinitárias no Apocalipse, 73	

3 A fé na Trindade, 79

3.1	Caminhos percorridos para a formação do dogma trinitário, 82
3.2	As heresias relacionadas à Trindade, 84
3.3	Expediente utilizado para a formação do dogma trinitário, 89
3.4	Concílios ecumênicos: texto e contexto, 91
3.5	O dogma da Trindade segundo o Catecismo da Igreja Católica, 112
3.6	Encerrando a dogmática trinitária para adentrar em sua reflexão sistemática, 115

4 As Pessoas divinas e suas relações, 129

4.1	Uma matemática trinitária, 132
4.2	As perspectivas terminológica, humana e trinitária, 133
4.3	A categoria *relação* como fundamento da pessoa, 136
4.4	A reflexão doutrinária quanto à categoria *relação*, 137
4.5	As relações entre as Pessoas trinitárias, 141
4.6	Retomando a Pericórese, 142
4.7	As três Pessoas divinas, 144

5 Propriedades e missão, 151

5.1	Desdobramentos decorrentes da categoria *relação*, 154
5.2	Conjugando as propriedades no interior e no exterior da Trindade, 159
5.3	A categoria *noção*, 160
5.4	A missão sob a perspectiva teológica, 164
5.5	A missão do Filho, 166
5.6	A missão do Espírito Santo, 167
5.7	A missão conjunta do Filho e do Espírito Santo, 168

6 Aspectos sociais da vida trinitária, 175

6.1 A Trindade na vida pessoal, 179
6.2 A Trindade no amor conjugal, 182
6.3 A Trindade na vida familiar, 183
6.4 A Trindade na vida eclesial, 185
6.5 A Trindade na vida comunitária, 187
6.6 A Trindade na vida ecológica, 195
6.7 Implicações do binômio unidade-diversidade, 196

Considerações finais, 203
Referências, 209
Lista de siglas, 219
Glossário, 223
Bibliografia comentada, 229
Apêndice, 233
Anexos, 235
Respostas, 241
Sobre a autora, 257

Ao iniciar este trabalho, resolvi dedicá-lo, com profundo amor, aos meus irmãos, **Reginaldo** e **Reinaldo**, e à **minha criança**, *in memoriam*.

Três pessoas que já comungam o amor das três Pessoas divinas, em plenitude, no Reino para todos nós preparado.

No curso da tarefa, aprouve a Deus que eu incluísse outra dedicatória, ao amigo **Bruno**, também chamado para a imersão na comunhão de amor trinitária.

Na conclusão, meu pai ouviu o suave chamado de Deus, seguindo-O para a sua nova morada.

A ti, Deus, entreguei meu pai, **Orlando**. Recebe-o, em sua glória, com todo o meu amor.

Primeiramente, expresso meu agradecimento a Deus Uno e Trino, por meio da comum oração "Glória ao Pai e ao Filho e ao Espírito Santo. Como era, no princípio, agora e sempre. Amém". Em segundo lugar, agradeço à minha família, que almeja ser espelho de comunhão trinitária, nas pessoas de minha mãe Joceli, meu pai Orlando, minhas irmãs Eliane e Rosilene e meus sobrinhos Vitor e Vinicius.

Não poderia deixar de mencionar, de um modo todo especial, o frei Antônio Quirino de Oliveira, OP, e o frei Clodovis Boff, OSM. Foi com esses digníssimos teólogos e muitíssimo estimados professores da graduação e do mestrado em Teologia que iniciei meus estudos sobre patrística e Trindade. Esses bondosos religiosos consagrados gentilmente me acolheram à beira do poço de seus conhecimentos, tal como Jesus fez com a samaritana, para beber da fonte de seus ensinamentos, razão pela qual lhes tributo minha sincera gratidão.

Também agradeço, imensamente, ao padre e professor Doutor Gilberto Aurélio Bordini, pela confiança em mim depositada quando do convite para a elaboração desta publicação, abrindo-me as portas da academia teológica, justamente numa temática tão preciosa à fé cristã.

Por fim, rendo gratidão ao estimado professor e diácono Márcio José Pelinski, que gentilmente prefacia esta obra. Por meio de providência divina, tive a graça de conhecê-lo num curso paroquial de formação, vislumbrando em mim um potencial para avançar nas águas mais profundas da teologia. Amigo de fé, sempre me estimulou, sobretudo após a conclusão dos meus estudos no mestrado, para o cumprimento do mandato evangelizador de Cristo: ser sal e luz do mundo.

Devemos falar daquilo que foi pregado por eles como mistério
de ti, Deus eterno, Pai do eterno Deus Unigênito, de ti que
és o único não nascido e do único Senhor Jesus Cristo, que
de ti procede pelo nascimento eterno [...]. Concede-nos
compreender o significado das palavras, dá-nos luz para
a inteligência, dignidade nas palavras e fé na verdade.
(Hilário de Poitiers, 2005, Livro I, n. 38)

Apresentação

Cumpre-nos o grande desafio de discorrer, nesta publicação, sobre uma temática que foi desenvolvida, no âmbito da Igreja, ao longo de quase quatro séculos e que, posteriormente, foi objeto de análise nos escritos de Santo Agostinho no curso de dezessete anos: a Trindade.

Como justificativa, precisamos considerar que o assunto é tratado como disciplina obrigatória em alguns cursos de Teologia Católica, como, aliás, não poderia deixar de ser em qualquer curso de Teologia que se preze, se levarmos em conta a importância da matéria para a consolidação dessa área do conhecimento.

Indubitavelmente, se Deus é, por excelência, o objeto imediato de estudo da teologia, deve figurar com primazia sobre toda e qualquer questão que lhe seja objeto mediato de estudo, até mesmo por uma questão de lógica. Desse modo, por meio deste trabalho, temos como objetivo abordar o centro de nossa fé cristã, na qual estão conjugadas disciplinas igualmente importantes, como a soteriologia e a cristologia, que lhe conferem elementos fundamentais de reflexão, para espargir efeitos nas demais, como a eclesiologia, missiologia.

Para atingirmos esse propósito, como caminho metodológico, empregamos o itinerário sistematizado por Joseph Cardjin, fundador da Juventude Operária Católica (JOC), na década de 1940, e posteriormente retomado pelo Papa João XXIII na encíclica *Mater et Magistra*, em 1961. Por meio do método **ver-julgar-agir**, o estudo partirá da realidade do mistério da Santíssima Trindade em nossa vida cristã (ver), para suscitar a compreensão teológica desse evento (julgar), que deve culminar num compromisso pastoral prático, tendo em vista os aspectos sociais da vida trinitária (agir). Assim, na busca de nossos objetivos de estudo, seguiremos a estrutura utilizada pelo Catecismo da Igreja Católica (CIC).

Nosso **ver** partirá da Trindade como mistério de nossa fé cristã, bem como dos desafios de sua compreensão como tal, buscando-se entender em que consiste esse mistério. Em seguida, adentrando no **julgar**, vamos iluminar nosso estudo pela análise da Revelação trinitária sob a perspectiva neotestamentária, sem descuidar dos vestígios da Trindade referidos pelo Antigo Testamento. Prosseguindo, identificaremos os pontos e contrapontos de pensamento que contribuíram para a consolidação da doutrina de fé que fundamentou o Magistério da Igreja. Dessa questão emergirá o estudo sobre as heresias combatidas pela apologia patrística, com destaque para os Padres Capadócios, e a posterior doutrina elaborada por renomados doutores da Igreja, notadamente Santo Agostinho e São Tomás de Aquino, cujas conclusões foram endossadas em diversos concílios da Igreja, permitindo-nos identificar as relações estabelecidas pelas Pessoas divinas, suas propriedades e missões. Concluída essa dimensão dogmático-sistemática, finalizaremos nosso estudo por meio da abordagem dos aspectos sociais da vida trinitária, sob os enfoques pessoal, conjugal, familiar, eclesial, comunitário e ecológico, sendo que o penúltimo analisaremos sob as perspectivas política, econômica e de integralidade e, ainda, social.

Não temos nenhuma pretensão de esgotar o assunto, e sim lançar fagulhas sobre o imenso enigma que nos foi revelado por Jesus e que, neste tempo e lugar, compreendemos apenas parcialmente, à espera da plena compreensão, como bem destacou o apóstolo Paulo (1Cr 13,12), parafraseado pelo poeta Renato Russo: "agora vejo em parte, mas então veremos face a face". A leitura que nos subsidiou na redação deste trabalho permitiu contextualizar a importância dessa compreensão, ainda que parcial, em razão de críticas ao tratamento dispensado pelos cristãos a Deus, não raras vezes não reconhecido em UniTrindade, daí porque a abordagem que assumimos no tratamento dos conteúdos buscará resgatar o pensamento fixado pelos padres do Oriente, abandonado, porém, pela teologia ocidental.

Para tanto, apresentaremos, no Capítulo 1, uma introdução da Trindade como mistério de nossa fé, seus contornos e desafios, para então, já no Capítulo 2, tecermos sua análise à luz do Novo Testamento, na Pessoa de Jesus Cristo. Em seguida, no Capítulo 3, detalharemos como a fé trinitária foi assentada historicamente a partir das controvérsias geradas pela proposição de heresias, bem como de diversos concílios da Igreja, com destaque para os de Niceia, Constantinopla, Toledo (XI), Latrão (IV) e Florença. Ainda, daremos atenção à teologia oriental dos Padres Capadócios e à teologia ocidental influenciada por Santo Agostinho, fazendo referência também à escolástica. Dando continuidade ao estudo, no Capítulo 4, abordaremos as relações estabelecidas pelas (e entre) Pessoas divinas, partindo do conceito de pessoa sob as perspectivas terminológica e humana, desaguando na perspectiva trinitária.

Na sequência, no Capítulo 5, elencaremos as propriedades, noções e missões pertinentes às Pessoas divinas e, em arremate, no Capítulo 6, trataremos dos aspectos sociais da vida trinitária, sob as perspectivas pessoal, conjugal, familiar, eclesial e também comunitária e ecológica, sendo que a penúltima será desdobrada nas perspectivas política, de economia e integralidade e, ainda, social, o que culminará numa forma particular de compreendermos os reflexos da Trindade no âmbito da dialética pericorética, sob o binômio unidade-diversidade. Cada um dos capítulos é inaugurado por breve introdução sobre os temas que serão examinados, sendo finalizado por uma síntese que corrobora os conteúdos apresentados. Ainda, precedendo as atividades de autoavaliação e de aprendizagem, procedemos à indicação cultural de leituras que contribuirão para o aprofundamento do estudo sobre os assuntos abordados em cada capítulo.

Além dos acadêmicos de Teologia, esta publicação pode ser adotada em cursos livres, sendo destinada também aos demais leitores interessados na área. Ficamos sob a intensa expectativa de que esta obra possibilite uma aprofundada reflexão sobre o Deus Uno e Trino, com desdobramentos em nossa vida comunitária, permitindo-nos aceitar o gracioso convite para participarmos da comunhão de seu amor.

Bom estudo!

Como aproveitar ao máximo este livro

Empregamos nesta obra recursos que visam enriquecer seu aprendizado, facilitar a compreensão dos conteúdos e tornar a leitura mais dinâmica. Conheça a seguir cada uma dessas ferramentas e saiba como estão distribuídas no decorrer deste livro para bem aproveitá-las.

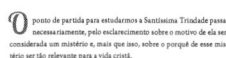

Introdução do capítulo

Logo na abertura do capítulo, informamos os temas de estudo e os objetivos de aprendizagem que serão nele abrangidos, fazendo considerações preliminares sobre as temáticas em foco.

Síntese

Ao final de cada capítulo, relacionamos as principais informações nele abordadas a fim de que você avalie as conclusões a que chegou, confirmando-as ou redefinindo-as.

Indicações culturais

Para ampliar seu repertório, indicamos conteúdos de diferentes naturezas que ensejam a reflexão sobre os assuntos estudados e contribuem para seu processo de aprendizagem.

Atividades de autoavaliação

Apresentamos estas questões objetivas para que você verifique o grau de assimilação dos conceitos examinados, motivando-se a progredir em seus estudos.

Atividades de aprendizagem

Aqui apresentamos questões que aproximam conhecimentos teóricos e práticos a fim de que você analise criticamente determinado assunto.

Bibliografia comentada

Nesta seção, comentamos algumas obras de referência para o estudo dos temas examinados ao longo do livro.

BEINERT, W.; STUBENRAUCH, B. Novo léxico de teologia dogmática católica. Tradução de Markus A. Hediger. Petrópolis: Vozes, 2015.

Trata-se de uma obra indispensável ao estudo da teologia, pois reúne o aporte que buscam não apenas adquirir uma base das questões ter uma formação no campo teológico. De fácil manuseio, a obra a todos o que há de mais atualizado sobre questões fundamentais da teologia, com esquemas ilustrativos, gráficos e tabelas, além de um detalhado índice analítico, que permite a individuar a consulta como diversas conexões.

BINGEMER, M. C. L.; FELLER, V. G. Deus Trindade: a vida no coração do mundo. 2. ed. São Paulo: Paulinas; Valência: Siquém, 2009. (Coleção Livros Básicos de Teologia, v. 6).

Sob o cunho das propostas da editora e leitura mais acessível, esta com profundidade trata Deus, em sua identidade, modo de agir e de se expressar o interno, a obra é didática e indicada para agentes de pastoral, que são incentivados pelos autores ao encontro, por meio da oração bíblica do próprio Deus Cristão e da própria experiência.

1
Introdução ao mistério trinitário

O ponto de partida para estudarmos a Santíssima Trindade passa, necessariamente, pelo esclarecimento sobre o motivo de ela ser considerada um mistério e, mais que isso, sobre o porquê de esse mistério ser tão relevante para a vida cristã.

Para tanto, neste capítulo intitulado "Introdução ao mistério trinitário", seguiremos a estrutura presente no Catecismo da Igreja Católica (CIC), partindo, antes, de uma brevíssima delimitação do que se entende por *mistério*, com a necessária justificativa para tal entendimento. Com base nessa compreensão, abordaremos as razões que levam a Igreja a afirmar o aludido mistério como ponto central para a construção da fé que professamos. Em seguida, buscaremos clarificar, ainda que preliminarmente, em que consiste o mistério trinitário, discorrendo brevemente sobre desdobramentos daí decorrentes em relação a cada uma das três Pessoas.

Para finalizarmos este capítulo, apresentaremos importantes desafios que precisam ser enfrentados na reflexão sobre o mistério trinitário, presentes na realidade da tradição ocidental.

1.1 Mistério

Provavelmente, muitos devem recordar-se de um desenho animado em que um grupo de jovens e seu cão procuravam, em cada episódio, desvendar um mistério. *Mysterium* vem do grego e significa "aquilo que é silenciado", "o que é mantido em segredo", como num enigma. Portanto, desvendar um mistério significa descobrir algo que está oculto. O mistério, segundo Rovira Belloso (2005, p. 40-41), apesar de revelado, ainda se mantém velado, "sem nunca perder sua raiz escatológica", pois sua manifestação terrena não "des-vela" essa perspectiva.

Uma forma muito apropriada de ilustrar esse argumento nos foi dada por São Paulo, quando afirmou que "hoje vemos como por um espelho, confusamente; mas então veremos face a face. Hoje conheço em parte, mas então conhecerei como eu sou conhecido" (1Cr 13,12). Antes, porém, Rovira Belloso (2005, p. 41) explica que o mistério apenas pode ser conhecido sob o regime da fé, para em seguida elucidar que "o mistério pode ser percebido quando é crido na fé, de tal forma que na medida em que alguém tem fé e na medida em que cresce a fé simples e luminosa, nasce e cresce a manifestação do mistério".

Portanto, o mistério não é concebido pelo ensinamento racional, mas por meio da experiência e, desse modo, somente a pessoa engajada no culto pode experimentá-lo, pois "se expressa uma realidade e uma participação nessa realidade, que transcende a linguagem e o discurso racional" (Rovira Belloso, 2005, p. 41). Cabe, no entanto, respondermos: Por que a Trindade é um mistério? Vejamos a seguir.

1.2 Por que a Trindade é um mistério?

É sob a perspectiva da experiência do mistério que Orígenes afirmava, resgatando os primórdios do cristianismo, que "tudo aquilo que vem até nós (da parte de Deus) nos chega como mistério" (Orígenes, citado por Balthasar, 1957, p. 11). Outra ilustração que favorece nossa compreensão é trazida por Cantalamessa (2005, p. 51), que nos relata a fábula, tão propagada pela tradição, na qual Santo Agostinho observa uma criança que recolhe, à beira da praia, a água do mar numa conchinha, despejando-a num pequeno buraco cavado na areia. Ao indagar o infante sobre a inutilidade daquela tarefa, pois seria impossível encerrar todo o oceano naquele pequeno buraco, o referido santo, então empenhado em redigir o tratado sobre a Trindade, teria recebido como resposta que também seria impossível encerrar esse mistério na mente do ser humano, por meio do que denomina "fraco instrumento da razão", afirmando que qualquer explanação nesse sentido seria "uma tentativa de recolher água com uma conchinha de um oceano sem fundo e sem beira".

Segundo São Tomás de Aquino (2016), em sua *Suma teológica*, é impossível chegar ao conhecimento da Trindade das Pessoas divinas por meio da razão natural, e qualquer tentativa nesse sentido compromete a fé sob a pena da perda de sua dignidade, visto que ela tem como objetivo as realidades invisíveis, capazes de superar a razão humana, tal como dito por São Paulo: "a fé é o fundamento da esperança, é uma certeza a respeito do que não se vê" (Hb 11,1).

Daí porque o catolicismo estabelece que "a Trindade é um mistério de fé no sentido estrito" (CIC, n. 237) e, mais que isso, na esteira do pensamento firmado pelo I Concílio Vaticano, é um dos "mistérios escondidos em Deus que não podem ser conhecidos se não forem revelados lá do alto [pois] [...] a intimidade do seu Ser como Trindade Santíssima constitui um mistério inacessível à razão sozinha" (Denzinger, 2007, p. 647). Em outras palavras, uma vez que a Trindade é objeto de fé, não podemos deduzi-la de maneira exclusivamente racional, sendo apenas cognoscível à luz de uma revelação divina, tema de que trataremos a seguir.

1.3 A Trindade é o mistério central da fé cristã

O Catecismo da Igreja Católica não se limita à constatação de que a Trindade é um mistério. Antes mesmo de trazer o enunciado do Concílio Vaticano I no qual se afirma que a Trindade é um dos mistérios escondidos de Deus, aquele documento expressamente define:

> "O mistério da Santíssima Trindade é o mistério central da fé e da vida cristã. É o mistério de Deus em si mesmo. É, portanto, a fonte de todos os outros mistérios da fé e a luz que os ilumina. É o ensinamento mais fundamental e essencial na 'hierarquia das verdades da fé'" (CIC, n. 234).

Na Trindade, portanto, reside o mistério central de nossa fé, porque o Deus dos cristãos é o Deus de Jesus, por este revelado. Esclarece Ladaria (2012) que a Revelação do mistério trinitário somente foi possível com Jesus, antecipando que nisso se encontra a originalidade da noção cristã de Deus, pois o monoteísmo cristão, o Deus que se dá a conhecer por meio de Cristo, é Uno e Trino, em muito diverso do Javé e do Alá professado pelo judaísmo ou pelo islamismo. Tais religiões, apesar de também serem monoteístas, simplesmente negam a

Trindade, concebendo a Pessoa de Jesus como um simples profeta, desconsiderando, assim, sua condição divina. Porém, sabemos que Jesus não foi um mero profeta, pois chegou muito além daqueles que lhe precederam.

No cristianismo, podemos situar o ponto de partida para a compreensão da Doutrina da Trindade na seguinte passagem do Evangelho de João:

> "Com efeito, de tal modo Deus amou o mundo, que lhe deu seu Filho único, para que todo o que nele crer não pereça, mas tenha vida eterna. Pois Deus não enviou o Filho ao mundo para condená-lo, mas para que o mundo seja salvo por ele" (Jo 3,16-17).

Vamos assimilar esse pensamento por meio de outra passagem bíblica, na qual João afirma que Deus é amor e, assim,

> "Nisto se manifestou o amor de Deus para conosco: em nos ter enviado ao mundo o seu Filho único, para que vivamos por ele. Nisto consiste o amor: não em termos nós amado a Deus, mas em ter-nos ele amado, e enviado o seu Filho para expiar os nossos pecados" (I Jo 4,9-10).

Desse modo, o mistério de Deus, revelado para nós, consiste no mistério de nossa salvação por meio de Cristo, em razão de seu infinito amor. Em outras palavras, aproveitando o pensamento de Werbick (2001), a Doutrina da Trindade tematiza a economia salvífica, revelando-nos o Deus Uno e Trino por meio de Cristo, que nos revela o Pai, dando-se a conhecer como Filho, e que, após sua ressurreição, envia-nos o Espírito Santo.

Acerca da economia salvífica, os Padres da Igreja tecem a distinção entre ela e a teologia: se por um lado, a teologia designa "o mistério da vida íntima de Deus-Trindade", a "Oikonomia", por outro, alude a "todas as obras de Deus por meio das quais Ele se revela e comunica sua vida". Ou seja, "é mediante a 'Oikonomia' que nos é revelada a 'Theologia'; mas é a 'Theologia' que ilumina toda a 'Oikonomia'", no sentido de que "as obras de Deus revelam quem Ele é em si mesmo; e, inversamente, o mistério do seu Ser íntimo ilumina a compreensão de todas as suas obras" (CIC, n. 236). Tendo isso em vista, afirma Ladaria (2012) que a economia é a única via para o conhecimento da teologia, para dizer, adiante, na contramão desse sentido, que a Revelação da Trindade na economia da salvação tem por fundamento transcendente a Trindade imanente, que, não obstante, encerra uma plenitude em si mesma, não sendo realizada, aperfeiçoada nem dissolvida naquela manifestação econômica.

Nesse sentido, cabe pensarmos sobre a lição da Comissão Teológica Internacional (1982), ao proclamar que "a Trindade não se constitui simplesmente na história da salvação pela encarnação, a cruz e a restauração de Jesus Cristo, como se Deus necessitasse de um processo histórico para chegar a ser trino"[1]. Em outras palavras, podemos afirmar que a Trindade imanente precede a Trindade econômica e, mais que isso, que naquela está o fundamento, a condição de possibilidade da economia salvadora. A perspectiva de Rahner (1972, p. 283-359) expressa em "Deus trino, fundamento transcendente da história da

---

1 Tal documento, nesse ponto, justamente contrapõe a segunda parte do axioma fundamental elaborado pelo teólogo contemporâneo Karl Rahner (1972, p. 283-359): "a Trindade econômica é a Trindade imanente, e vice-versa". A referida comissão aceitou a primeira parte do axioma, mas refutou a via de mão dupla, mantendo a distinção entre ambas, ao argumentar que a Trindade imanente podia existir sem sua manifestação histórico-salvífica. A crítica à segunda parte do axioma de Rahner, a da Trindade intradivina como premissa da Trindade econômica, foi desenvolvida por Y. Congar, ao indagar se a Trindade, na autocomunicação que faz de si, revelaria por completo todo o seu mistério (Congar, 1983). Entre os que compreendem que não se realiza nem se aperfeiçoa o ser trinitário nessa autocomunicação, referimos o pensamento de Hans Urs von Balthasar, adepto da dinâmica original da Trindade imanente, para quem a Trindade imanente, ao ser princípio fundante da Trindade Econômica, não pode ser simplesmente identificada com a outra, sob pena de ser reduzida (Balthasar, 1993). Por sua vez, o teólogo Jürgen Moltmann assume o axioma de Rahner positivamente, reinterpretando-o a seu modo, para afirmar que as duas relações (com mundo e em si) não são equiparáveis, mas aquela precede, se completa e se consuma nesta, em dimensão escatológica (Moltmann, 2000). Também Eberhard Jüngel criticou Rahner, considerando que a identificação entre a Trindade econômica e a imanente ocorreria apenas formalmente (Jüngel, 1984).

salvação" significa, para o teólogo Clodovis Boff (2008), que a economia salvífica apenas é esclarecida por meio da doutrina trinitária que lhe é pressuposto teórico². Não obstante, "A história da salvação nada mais é do que a revelação e a comunicação do mistério da Santíssima Trindade ao longo do tempo. De fato, só sabemos 'Trindade imanente' (ou eterna), o que nos foi revelado pela 'Trindade econômica' (ou histórica)" (Boff, 2008, p. 10).

Ora, sé é por meio da Trindade econômica (ou histórica) que tomamos conhecimento da Trindade imanente (ou eterna), a seguinte afirmação merece ser reiterada: a Trindade, mistério central da fé e da vida cristã, é a fonte de todos os outros mistérios da fé, sendo a luz que os ilumina, constituindo o ensinamento mais elementar e essencial na "hierarquia das verdades de fé" (CIC, n. 234). Prova disso é que a Trindade imanente, revelada pela Trindade econômica, tem como ponto culminante dessa história o mistério de Cristo, cujo coração é o evento pascal.

Retomando Boff (2008, p. 11), o evento supremo que manifesta a Revelação do Deus Uno e Trino consiste no Mistério Pascal, que, oportunamente, será analisado sob o trinômio formado por crucificação, ressurreição e Pentecostes, em uma ótica trinitária.

---

2 A relação entre a Trindade imanente (intradivina) e a Trindade econômica (histórico-salvífica) permanece amplamente debatida na teologia contemporânea, em virtude do axioma fundamental da teologia trinitária formulado por Karl Rahner (1972, p. 283-359): "a Trindade econômica é a Trindade imanente, e vice-versa". Para o teólogo, a Trindade imanente revela-se na Trindade histórica. Além da divergência de pensamento por parte de Yves Congar (1983), para quem a Revelação daquela Trindade nesta seria incompleta, propondo uma distância entre ambas, pois o mistério ultrapassa o revelado, e por parte de Hans Ur von Balthasar (1993), bem como da própria Comissão Teológica Internacional (1972) da parte católica, também podemos citar Ghislain Lafont (1970), Walter Kasper (1985), Piet Schoonenberg (1972), bem como o evangélico Eberhard Jüngel (1984). Em certo sentido alinhado a Rahner, porém com nuances próprias, podemos mencionar Jürgen Moltmann (2000).

1.4 Mas, afinal, em que consiste o mistério da Trindade?

Até aqui vimos o que é mistério, por que a Trindade se enquadra no contexto de mistério e por que a Trindade é tratada como o ponto central da fé cristã. Nesta seção, vamos procurar demonstrar, de modo preliminar e sucinto, em que consiste esse mistério.

O ponto de partida está na afirmação de que o Deus revelado por Jesus não é um sujeito isolado e solitário, mas uma comunidade de Pessoas: Pai, Filho e Espírito Santo. No Evangelho de João, encontramos a passagem em que Jesus justifica a realização de milagres no dia de sábado, expressando que "meu Pai continua agindo até agora e eu ajo também" (Jo 5,17). A leitura do versículo seguinte nos permite constatar que, além de ter afirmado sua condição de Filho, Jesus ainda se fazia igual a Deus, a ponto de a sequência dos versículos apresentar a comunhão que Ele tem com o Pai (Jo 5,10-30) e o testemunho que este lhe confere (Jo 5,31-47). Antes mesmo, a introdução do referido Evangelho indica que "no princípio era o Verbo, e o Verbo estava junto de Deus e o Verbo era Deus" (Jo 1,1), para adiante atestar que "o Verbo se fez carne e habitou entre nós, e vimos sua glória, a glória que o Filho único recebe do seu Pai, cheio de graça e de verdade" (Jo 1,14).

Na esteira desse pensamento, o item n. 242 do Catecismo da Igreja Católica destaca que, no I Concílio Ecumênico de Niceia, realizado em 325, foi aprovada a confissão de fé segundo a qual "o Filho é consubstancial ao Pai" (Denzinger, 2007, p. 51), ou seja, constitui "um só Deus com Ele". O II Concílio Ecumênico, promovido em Constantinopla, no ano de 381, manteve essa expressão na formulação de seu Credo, acrescentando a confissão de que se trata do "Filho único de Deus, gerado do Pai antes de todos os séculos, luz de luz, Deus verdadeiro de Deus verdadeiro, gerado, não criado, consubstancial ao Pai" (Denzinger, 2007, p. 66).

Além de revelar o Pai, Jesus também revela o Espírito Santo como outra Pessoa divina, notadamente por ocasião da Santa Ceia, quando assim anuncia a vinda deste:

> Agora vou para aquele que me enviou [...]. Entretanto, digo-vos a verdade: convém a vós que eu vá! Porque, se eu não for, o Paráclito não virá a vós; mas se eu for, vo-lo enviarei. [...] Quando vier o Paráclito, o Espírito da Verdade, ele vos ensinará toda a verdade, porque não falará por si mesmo, mas dirá o que ouvir, e vos anunciará as coisas que virão. Ele me glorificará, porque receberá do que é meu, e vo-lo anunciará. Tudo o que o Pai possui é meu. Por isso, disse: Há de receber do que é meu, e vo-lo anunciará. (Jo 16,5.7.13-15)

Segundo o Catecismo da Igreja Católica, "o Espírito Santo é enviado aos apóstolos e à Igreja tanto pelo Pai, em nome do Filho, como pelo Filho em pessoa, depois que este tiver voltado para junto do Pai", o que possibilita constatar que "o envio da pessoa do Espírito Santo após a glorificação de Jesus revela em plenitude o mistério da Santíssima Trindade" (CIC, n. 244).

O Concílio de Niceia, aqui já mencionado, não havia se pronunciado sobre o Espírito Santo, cuja divindade apenas foi confessada no Concílio de Constantinopla, ao afirmar que "com o Pai e o Filho ele recebe a mesma adoração e a mesma glória" (Denzinger, 2007, p. 51). As confissões de fé expressadas nos concílios de Niceia e Constantinopla até hoje persistem, referindo um Deus único que subsiste em três Pessoas, Pai, Filho e Espírito Santo, não sendo à toa que, já no século V, Santo Agostinho fazia uma leitura trinitária da aparição dos três anjos a Abraão: "O Senhor apareceu a Abraão nos carvalhos de Mambré, quando ele estava assentado à entrada de sua tenda, no maior calor do dia. Abraão levantou os olhos e viu três homens de pé diante dele" (Gn 18,1-2).

Vejamos a narrativa de Santo Agostinho (1994, p. 92-93):

> Abraão viu, sem dúvida, três homens debaixo do carvalho de Mambré, aos quais, uma vez convidados e aceitos como seus hóspedes, serviu-lhes de comer. Todavia a Escritura, no começo da narrativa desse episódio, não diz: "Apareceram-lhe três homens", mas, apareceu-lhe o Senhor. E só ao explicar como o Senhor lhe apareceu fala em três homens os quais Abraão convida no plural e hospeda. E depois fala no singular, como se apenas estivesse falando com um. E ainda, ao lhe prometer que Sara terá um filho, é um só, o qual a Escritura denomina Senhor como no começo da mesma narrativa: o Senhor apareceu a Abraão. Assim, Abraão faz o convite a um, contudo, lava os pés e acompanha como se fossem três homens. Fala-lhes, porém, como se fosse com o Senhor Deus, quando lhe é prometido um filho, ou quando lhe é comunicada a iminente destruição de Sodoma.

Esse evento ficou notabilizado no ícone da Santíssima Trindade de Andrej Rublëv. Trata-se de um famoso ícone russo, de data imprecisa[3], que hoje consta na Galeria Tretiakov, em Moscou, e que tem como tema de fundo a hospitalidade de Abraão e Sara, ao receberem, em Mambré, os três misteriosos peregrinos que se dirigiam a Sodoma (Gn 18). Seu monge-pintor Andrej Rublëv conseguiu figurar, com rara felicidade, a diferença e também a igualdade que há entre as três Pessoas divinas, bem como o dinamismo da Pericórese ou comunhão de vida e amor que entre elas circula, também sugerindo a postura espiritual adequada do espectador diante do ícone. A originalidade do ícone decorre do fato de retratar cada Pessoa sob um perfil inconfundível, pelas cores da roupa e pelo modo de vestir, pela posição da cabeça e pela direção do olhar, pelas mãos, pela postura geral do corpo e pelos símbolos de cada Pessoa ao fundo da cena. Mas o ícone

---

[3] Bunge (2007) delimita entre 1422 e 1427; Lazarev (1966) refere o ano de 1422; ao passo que Cantalamessa (2004) aduz 1425.

também aponta a igualdade de natureza entre as três Pessoas divinas, pelo mesmo tipo de roupa, pela cor azul, pela proporção, pelo rosto parecido, pelos símbolos comuns de poder, além do cálice comum aos três comensais divinos. Igualmente, o ícone bem reflete a Pericórese (inter-relacionamento) entre os três divinos, por meio do dinamismo peculiar nele retratado. Por derradeiro, o ícone consegue envolver o espectador, como se fosse um convite para integrar o banquete, em plena comunhão de participação. Tal como à acolhida que Abraão e Sara fizeram à Trindade, agora é a Trindade que nos acolhe em sua intimidade, oferecendo-nos a hospitalidade eterna.

Figura 1.1 – Ícone de Rublëv

RUBLËV, Andrej. **Santíssima Trindade**. 1422-27. Pintura, 141 × 112 cm.

Tendo em conta a narrativa apresentada, Boaventura Kloppenburg (2001) sustenta que a maior dificuldade que encontramos na doutrina trinitária reside na compreensão não da Trindade de Pessoas, mas da unidade de natureza. Segundo adverte:

> Como é possível confessar que Deus é Pai, é Filho e é Espírito Santo e não concebê-lo apenas como três aspectos ou três modos de ser, segundo os modalistas antigos e atuais, mas como três pessoas realmente distintas, e sem cair no triteísmo [?] [...] Em Deus [...] não há uma natureza ou essência comum que é individualmente diversificada para cada pessoa divina como nos seres humanos. Este é precisamente o grande enigma da unidade de Deus. O núcleo mais difícil e obscuro não está na multiplicidade das pessoas, mas na unicidade e unidade da essência: uma natureza absolutamente única, idêntica e indivisível, a mesma substância divina, pertence individualmente seja ao Pai, seja ao Filho, seja ao Espírito Santo. A plenitude da natureza ou da substância divina não é só do Pai, mas também do Filho e do Espírito Santo. Esta verdade pela qual se dá a multiplicidade dos indivíduos sem repetição e separação das substâncias não deixa de ser para nós um enigma insolúvel. (Kloppenburg, 2001, p. 124)

Paradoxalmente, justamente porque a Trindade é um mistério, isso implica um grande desafio, pois sua equivocada compreensão pode fazer com que incorramos, ainda hoje, nas controvérsias que serviram de combustível para a consolidação de sua doutrina.

1.5 O desafio da compreensão da Trindade como mistério central da fé cristã

Vimos que a Trindade é o Deus dos cristãos, que é o Deus de Jesus, por este revelado. E é justamente porque Deus se apresenta para nós, verdadeiramente, apenas em Jesus que Ladaria (2012) entender ser ilegítimo o divórcio entre a doutrina trinitária e a cristologia. Todavia, no mundo ocidental, sob a vertente da realidade (ver), vemos que muitos cristãos concentraram sua fé e sua teologia tão somente na Pessoa de Jesus, excluindo as demais categorias teológicas, relegando a Trindade ao distanciamento não apenas da cristologia como também da própria doutrina da salvação, da eclesiologia e, por que não dizer, até mesmo da compreensão cristã de Deus.

Já no tempo do Concílio Vaticano II, o teólogo Karl Rahner questionava a existência de um verdadeiro exílio da Trindade, na medida em que

> os cristãos, apesar da ortodoxa profissão de fé dos mesmos na Trindade, na prática da vida religiosa são quase somente "monoteístas". Poder-se-ia arriscar em afirmar que, se tivéssemos de eliminar como falsa a doutrina da Trindade, grande parte da literatura religiosa permaneceria praticamente inalterada. (Rahner, 1965, p. 561)

Ousamos expressar uma opinião pessoal no sentido de que, para aquém da Doutrina da Trindade, a própria omissão da menção trinitária na Liturgia causaria pouco alarde para a maioria dos cristãos, que, infelizmente, acabam por olvidar o mistério que ali celebram.

Em cada Santa Missa, a Liturgia apresenta a saudação "a graça de nosso Senhor Jesus Cristo, o amor do Pai e a comunhão do Espírito Santo estejam convosco" e, exceto no período da Páscoa e do Advento, a doxologia de tais celebrações compreende o Glória, no qual expressamos louvor ao Pai Criador, ao Filho Redentor e ao Espírito de amor. Por sua vez, após a leitura do Evangelho, seguido da homilia, professamos nossa fé por meio do Credo, oriundo do Símbolo dos Apóstolos e dos Credos históricos niceno e constantinopolitano. Já ao final da celebração, recebemos a bênção: "Abençoe-vos o Deus todo-poderoso, Pai, Filho e Espírito Santo". Oliveira (1992) adverte que, apesar de os atos litúrgicos serem direcionados às três Pessoas da Trindade, esse mistério não fica bem evidenciado para os celebrantes. Como enuncia o autor,

> a Trindade é o principal mistério, é o mistério por excelência da nossa fé. Se na teoria isso foi afirmado, na prática as coisas nem sempre funcionaram desse modo. Mesmo afirmando a sua fé no Deus-Trindade, os cristãos, durante muito tempo, encontraram certa dificuldade em instituir uma relação vital com este mesmo mistério. E hoje, não obstante os esforços feitos nos últimos anos, parece que a Trindade ainda não se tornou o "mistério central" na vida da maioria dos cristãos. Sentimos ainda os efeitos de uma espiritualidade da "Divindade", esquecendo-se quase que completamente do Deus revelado que é Pai, Filho e Espírito Santo. (Oliveira, 1992, p. 18)

O teólogo se ressente da ausência de uma espiritualidade e adequada formação que permita ao cristão a percepção de que a celebração é endereçada a um Deus que é uma comunidade de Pessoas. Perfilhando esse entendimento, expressamos a opinião pessoal de que a falta de aprofundamento catequético implica, cada vez mais, que palavras, cantos, gestos e até mesmo o silêncio sejam proferidos, entoados e praticados sem produzirem verdadeiro sentido.

Por outro lado, com muita propriedade, somos igualmente advertidos (Lorenzen, 2002) pela constatação de que, na tradição cristã ocidental, a teologia ficou desarticulada e a Trindade passou a ser um conceito abstrato, elaborado em função do desenvolvimento de uma linguagem teológica latina própria, que chegou até nós divorciada da linguagem grega. Assim, não podemos esquecer que o Ocidente herdou a teologia de Santo Agostinho, que, apesar do pleno domínio do latim, carecia do vocabulário grego e, por tal condição, teve acesso restrito ao sentido de termos e expressões da tradição patrística oriental.

O equivocado conceito de uma Trindade abstrata, por sua vez, pode fazer que incidamos até mesmo numa indevida manipulação da imagem de Deus. Aproveitando a reflexão de Blank (2013), certos grupos inventam um Deus ao sabor de sua conveniência, a ponto de até mesmo proclamarem esse Deus útil aos seus interesses, bem como legitimador de suas atitudes, nos mais diversos setores da vida. Portanto, não bastasse os cristãos ocidentais terem assumido uma postura exageradamente monoteísta, em determinadas situações beiram um monoteísmo a-trinitário que precisa ser empenhadamente enfrentado, pois, "mais do que negar a existência de outros deuses ou combater aqueles que negam a existência de Deus, temos que combater de forma determinada as falsificações e manipulações do Deus de Jesus, falsificações e manipulações, essas, cometidas pelos próprios cristãos" (Blank, 2013, p. 45-46, citado por Oliveira, 2017, p. 21).

Por outro lado, afirma Werbick (2001) que, ainda em nossos dias, a confissão de fé na Trindade, no tocante à imagem divina determinada por uma fé generalizada num único Deus, pode não surtir efeitos para alguns cristãos, mas pode acarretar – como acarretou no passado – um mal-entendido triteísta para outros fiéis, então partidários daquilo que se identifica como uma fé em três deuses[4]. Como sugestão para

---

[4] O autor chega a mencionar uma medida adotada pelo Papa Urbano VIII, que, em 1628, "proibiu a representação da Trindade em três figuras humanas de formas iguais, paradas ou sentadas uma ao lado da outra" (Werbick, 2001, p. 429).

a vivência de uma teologia trinitária atual, Bingemer e Feller (2009, p. 28-29) propõem um retorno enfático da dimensão soteriológica salvífica, do mistério de Deus, entrelaçando o discurso trinitário com o discurso cristológico que parta da Trindade.

Síntese

Neste Capítulo 1, partimos da noção do termo *mistério* como premissa para esclarecer por que a Trindade é assim entendida. Vimos que o mistério é conhecido pela experiência, e não por via do ensinamento racional, daí a Trindade ser "um mistério de fé no sentido estrito" (CIC, n. 237) e, mais que isso, o mistério central da fé cristã, por causa da Revelação feita por Jesus. Adentrando na discussão sobre a Trindade imanente e a Trindade econômica, chegamos ao ponto culminante dessa Revelação, que se dá por meio do evento pascal salvífico.

Na sequência, analisamos em que consiste esse mistério, partindo da afirmação de que Deus é uma comunidade de Pessoas (Pai, Filho e Espírito Santo) numa unidade de natureza, com destaque para a perícope de Gn 18,1-2, ilustrada pelo ícone de Andrej Rublëv, sobre a hospitalidade de Abraão com os três anjos que lhe visitaram.

Por fim, discorremos sobre o grande desafio em compreender a Trindade como mistério central da fé cristã, tendo em vista o distanciamento da doutrina trinitária em relação à cristologia, à soteriologia e à eclesiologia, bem como a desarticulação entre a tradição cristã ocidental e a oriental, que encaminhou o conceito trinitário para uma abstração, resultando em uma indevida manipulação da imagem de Deus.

Indicações culturais

Para uma maior compreensão sobre o ícone da Santíssima Trindade, de Andrej Rublëv, sugerimos as obras listadas a seguir.

BUNGE, G. **Lo Spirito Consolatore**: il significato dell'iconografia della Santa Trinità dalle catacombe a Rublëv. Milano: La Casa di Matriona, 1995.

TEPE, V. **Nós somos um**: retiro trinitário. Petrópolis: Vozes, 1987.

PASSARELLI, G. **O ícone da Trindade**. São Paulo: Ave Maria, 1996.

Atividades de autoavaliação

1. Assinale a alternativa correta quanto ao termo *mistério*:
   a) Vem do latim *Mysterium* e significa "aquilo que é revelado".
   b) Apesar de velado, ainda se mantém revelado.
   c) Um modo de ilustrar seu significado foi dado por São Paulo, ao tratar das virtudes teologais.
   d) Pode ser compreendido por meio da racionalidade.
   e) Não pode ser experimentado por uma pessoa engajada no culto.

2. Indique se as afirmações a seguir são verdadeiras (V) ou falsas (F):
   ( ) A Trindade é um mistério.
   ( ) A Trindade não é um mistério.
   ( ) É impossível chegar ao conhecimento da Trindade por meio da razão natural.
   ( ) É possível chegar ao conhecimento da Trindade por meio da razão natural.
   ( ) A Trindade apenas pode ser conhecida à luz de uma revelação divina.

Agora, assinale a alternativa que corresponde corretamente à sequência obtida:
a) V, F, V, F, V.
b) F, V, F, V, F.
c) V, V, V, V, V.
d) F, F, F, F, F.
e) V, V, F, F, V.

3. Indique se as afirmações a seguir são verdadeiras (V) ou falsas (F):
( ) A Trindade é mistério central de nossa fé cristã.
( ) O mistério trinitário somente foi possível com Jesus.
( ) Embora monoteístas, judeus e muçulmanos admitem a Trindade.
( ) A Trindade distingue o cristianismo de todas as demais religiões, sejam do tipo monoteísta, sejam do tipo politeísta.
( ) O Catecismo da Igreja Católica não estabelece distinção entre Trindade imanente e Trindade histórica, por meio dos termos *Theologia* e *Oikonomia*.

Agora, assinale a alternativa que corresponde corretamente à sequência obtida:
a) V, F, V, F, V.
b) V, V, F, V, F.
c) V, V, V, V, V.
d) V, V, F, F, V.
e) V, F, F, F, F.

4. Assinale a alternativa correta:
( ) A Trindade imanente é o mistério de Deus em si mesmo.
( ) A Trindade imanente também é denominada *Trindade econômica*.

( ) A Trindade histórica também é denominada *Trindade econômica*.

( ) A Trindade econômica precede a Trindade imanente.

( ) A Trindade imanente precede a Trindade econômica.

Agora, assinale a alternativa que corresponde corretamente à sequência obtida:

a) F, F, F, V, F.
b) F, V, F, V, F.
c) V, F, V, F, V.
d) V, V, F, V, F.
e) V, V, F, F, V.

5. Indique se as afirmações a seguir são verdadeiras (V) ou falsas (F):

( ) O Deus revelado por Jesus é uma comunidade de Pessoas.

( ) Jesus afirmou sua condição de Filho, mas não se fez igual a Deus.

( ) O I Concílio de Niceia aprovou a confissão de consubstancialidade do Filho em relação ao Pai.

( ) Além de revelar o Pai, Jesus também revela o Espírito Santo.

( ) A divindade do Espírito Santo apenas foi confessada no Concílio de Constantinopla.

Agora, assinale a alternativa que corresponde corretamente à sequência obtida:

a) F, F, V, F, V.
b) V, V, V, F, V.
c) F, F, V, V, V.
d) V, F, V, V, V.
e) V, V, F, V, F.

Atividades de aprendizagem

Questões para reflexão

1. Considerando o que foi estudado neste capítulo, você acredita que percebe Deus como Trindade em sua vida? E em sua família? E em sua vida eclesial e de trabalho? Apresente ao seu grupo as percepções apuradas.

2. Com base no que foi estudado neste capítulo, estabeleça, brevemente, a distinção entre Trindade imanente e Trindade econômica, identificando se é possível fazer uma analogia à luz do Catecismo da Igreja Católica (n. 236).

3. Você concorda com o axioma de Karl Rahner segundo o qual "a Trindade econômica é a Trindade imanente, e vice-versa"?

Atividade aplicada: prática

1. Identifique em que momentos da celebração da Santa Missa há referência ao mistério trinitário.

2
A Trindade no Novo Testamento

Uma vez que nos propusemos a estudar a Trindade sob a metodologia ver-julgar-agir, depois de examinar a realidade desse mistério no Capítulo 1, vamos agora analisá-lo à luz da Sagrada Escritura, mas especificamente do Novo Testamento.

Trazemos do capítulo anterior a informação de que a Trindade nos foi revelada pela Pessoa de Jesus, daí porque a lógica do percurso em direção à exploração desse mistério de amor nos remete ao dever de analisar a Revelação com base no que consta no Novo Testamento, pois é em seu bojo que localizaremos a resposta sobre o modo pelo qual se deu a Revelação trinitária. Tal resposta passa, necessariamente, pela leitura e análise da narrativa da encarnação de Jesus, de seu batismo no Rio Jordão, que deu início ao ministério e culminou em sua paixão, morte, ressurreição e consequente envio do Espírito Santo pela sua glorificação. No curso dessa caminhada, Jesus revela a si como Filho, quem é seu Pai, além da Pessoa do Espírito Santo, que também opera como agente revelador da Trindade.

Este capítulo abordará, por fim, os três modos pelos quais podemos sistematizar a Revelação trinitária, inclusive mediante as teologias presentes no Novo Testamento, além de descrever as fórmulas e visões apocalípticas que ali podemos encontrar. Preliminarmente, entretanto, precisamos esclarecer que o título "A Trindade no Novo Testamento" não sugere a inexistência de vestígios trinitários no Antigo Testamento, também denominado *veterotestamentário*.

2.1 Vestígios trinitários veterotestamentários e sua menção no Novo Testamento

Antes de adentrarmos no ambiente neotestamentário, precisamos registrar o que está disposto no Catecismo da Igreja Católica (CIC, n. 237), ao reconhecer a presença de traços de Deus trinitário já na obra da criação, mesmo antes da encarnação do Filho e da missão do Espírito Santo. Para Ladaria (2012), essa revelação também está pressuposta no Antigo Testamento, pois o Deus do Antigo Testamento não é senão quem os cristãos denominam *Pai*. Assim, conquanto sejamos iluminados por Jesus, podemos encontrar sinais da Trindade já no início da Santa Escritura, em que o primeiro relato da criação do mundo informa que "a terra estava sem forma e vazia; as trevas cobriam o abismo e o Espírito de Deus pairava sobre as águas" (Gn 1,2). Ademais, vale aqui reiterar, a título meramente ilustrativo, a menção que fizemos no Capítulo 1 à visita de Deus a Abraão por meio dos três anjos, bem como a passagem em que Davi conta a Jessé que o Espírito do Senhor fala por ele, estando sua palavra em sua língua (1Sm 23,2).

Por outro lado, perfilhamos o posicionamento trazido por Oliveira (2017, p. 11-12), no sentido de que, apesar da identificação de vestígios da Trindade em textos do Antigo Testamento, isso não compromete sua autonomia e independência como fundamento para a tradição judaica monoteísta não trinitária, pois argumento contrário nos levaria à arrogância de pensar que a redação daqueles livros teve como propósito exclusivamente o cristianismo, sendo eles, assim, considerados pelos judeus em caráter subsidiário. Por sua vez, buscar os vestígios da Trindade diretamente nos textos do Antigo Testamento difere completamente de fundamentar o mistério trinitário no próprio Novo Testamento, reportando-se àqueles textos.

Nesse contexto, podemos indicar algumas passagens bíblicas neotestamentárias que já indiciam cada uma das Pessoas em comunhão com Deus anunciadas nos textos veterotestamentários, como consta nos Quadros 2.1 (com relação ao Pai), 2.2 (com relação ao Filho) e 2.3 (com relação ao Espírito Santo).

Quadro 2.1 – A Pessoa do Pai enunciada em textos veterotestamentários

Já mencionado no Antigo Testamento como o Pai de Jesus	Mt 2,15	"Ali permaneceu até a morte de Herodes para que se cumprisse o que o Senhor dissera pelo profeta: 'Do Egito chamei meu filho (Os 11,1)'."
	Hb 1,5	"Pois a quem dentre os anjos disse Deus alguma vez: Tu és meu Filho; eu hoje te gerei (Sl 2,7)? Ou, então: Eu serei para ele um pai e ele será para mim um Filho (2Sm 7,14)?"
	At 13,34-37	"Que Deus o ressuscitou dentre os mortos, para nunca mais tornar à corrupção, ele o declarou desta maneira: Eu vos darei as coisas sagradas prometidas a Davi (Is 55,3). E diz também noutra passagem: Não permitirás que teu Santo experimente a corrupção (Sl 15,10). Ora, Davi, depois de ter servido em vida aos desígnios de Deus, morreu. Foi reunido a seus pais e experimentou a corrupção."

Quadro 2.2 – A Pessoa do Filho enunciada em textos veterotestamentários

Já anunciado no Antigo Testamento	Mc 12,10	"'Nunca lestes estas palavras da Escritura: A pedra que os construtores rejeitaram veio a tornar-se pedra angular'."
	Lc 24,44	"Depois lhes disse: 'Isto é o que vos dizia quando ainda estava convosco: era necessário que se cumprisse tudo o que de mim está escrito na Lei de Moisés, nos profetas e nos Salmos.'"
	Jo 20,9	"Em verdade, ainda não haviam entendido a Escritura, segundo a qual Jesus devia ressuscitar dentre os mortos."
	At 8,30-35	"Filipe aproximou-se e ouviu que o eunuco lia o profeta Isaías e perguntou-lhe: 'Porventura entendes o que estás lendo?' Respondeu-lhe: 'Como é que posso, se não há alguém que me explique?' E rogou a Filipe que subisse e se sentasse junto dele. A passagem da Escritura, que ia lendo, era esta: Como ovelha, foi levado ao matadouro; e, como cordeiro mudo diante do que o tosquia, ele não abriu a sua boca. Na sua humilhação foi consumado o seu julgamento. Quem poderá contar a sua descendência? Pois a sua vida foi tirada da terra (Is 53,7s). O eunuco disse a Filipe: 'Rogo-te que me digas de quem disse isto o profeta: de si mesmo ou de outrem?'. Começou então Filipe a falar, e, principiando por essa passagem da Escritura, anunciou-lhe Jesus."
	At 18,28	"pois com grande veemência refutava publicamente os judeus, provando, pelas Escrituras, que Jesus era o Messias."
	1Cor 15,3	"Eu vos transmiti primeiramente o que eu mesmo havia recebido: que Cristo morreu por nossos pecados, segundo as Escrituras."

Quadro 2.3 – A Pessoa do Espírito Santo enunciada em textos veterotestamentários

Pneuma que age na comunidade cristã. É a mesma Ruah presente nas ações de Iahweh, desde a criação e na história do povo hebreu.	Mc 12,36	"Pois o mesmo Davi diz, inspirado pelo Espírito Santo: Disse o Senhor a meu Senhor: senta-te à minha direita, até que eu ponha os teus inimigos sob os teus pés (Sl 109,1)."
	Lc 4,17-21	"Foi-lhe dado o libro do profeta Isaías. Desenrolando o livro, escolheu a passagem onde está escrito (61, 1s): 'O Espírito do Senhor está sobre mim, porque me ungiu e enviou-se para anunciar a boa-nova aos pobres, para sarar os contritos de coração, para anunciar aos cativos a redenção, aos cegos a restauração da vista, para pôr em liberdade os cativos, para publicar o ano da graça do Senhor.' E, enrolando o livro, deu-o ao ministro e sentou-se; todos quando estavam na sinagoga tinham os olhos fixos nele. Ele começou a dizer-lhes: 'Hoje se cumpriu o oráculo que vos acabais de ouvir'."

Ora, se considerarmos que as primeiras comunidades cristãs foram compostas por judeus, é plenamente deduzível que, buscando dar razões à fé professada (1Pd 3,15), eles procuraram fundamentar a Revelação trinitária já no Antigo Testamento e, sob tal perspectiva, esses cristãos procederam a uma releitura desses textos, sob o paradigma trinitário, com base no pressuposto de que "se o Deus verdadeiro é Trindade, então toda a Revelação é revelação da Trindade" (Boff, 1987, p. 58-60, citado por Oliveira, 2017, p. 29).

Como consequência dessa releitura, Oliveira (2017, p. 31) destaca que os primeiros cristãos:

- interpretaram o Pai conduzindo a história do povo hebreu para o Filho (1Cor 10, 3-4);
- converteram o Antigo Testamento em preparação para a realidade que é Cristo (Cl 2,16-17);
- identificaram em determinados textos um desdobramento de Deus a indicar a Revelação tripessoal (Jr 23,36; Is 6;3; Gn 1,26; Is 6,8).

Nesse contexto, buscando ilustrar a hermenêutica desenvolvida pelos primeiros fiéis, prossegue o teólogo afirmando que eles viam o anjo de Iahweh como uma revelação do *Logos*, o Filho, o Cristo, numa correlação do termo *anjo* com a Pessoa de Jesus, o Enviado (conforme Jo 10,36; 3,17-34; 5,36; 9,7). Jesus, sendo esse anjo, propiciaria a visibilidade do invisível, tornando a transcendência acessível. Na esteira desse raciocínio, outros elementos passaram a ser interpretados como personificações de Iahweh, como a Sabedoria Divina (Pr 1,20-23), a Palavra de Deus (Sl 119,89; Pr 8,22-31) e o Espírito (*Ruah*) de Iahweh (Is 42, 1; 61, 1-2). De qualquer modo, os vestígios da Trindade hermeneuticamente identificados no Antigo Testamento, ainda que invocados expressamente no Novo Testamento ou apenas reportados pela tradição, somente conferirão uma verdadeira visão e experiência pessoal do Deus Uno e Trino se for tomada como ponto de partida a Pessoa de Jesus Cristo.

Assim, feitas as colocações preliminares, podemos dar início ao estudo da Trindade no Novo Testamento, que pode ser realizado de três maneiras, conforme apresentado a seguir.

2.2 Sistemática do estudo da Revelação trinitária neotestamentária

Uma primeira forma de entender o mistério da Santíssima Trindade parte da perspectiva narrativa da vida de Jesus, buscando-se identificar de que modo Ele revela o Pai, revela-se como Filho e também revela o Espírito, o qual, por sua vez, também revela o Pai. Uma segunda forma de compreender a Revelação do Deus Uno e Trino parte das teologias apresentadas pelos escritos neotestamentários, com base nos textos paulinos, nos Evangelhos Sinóticos e também nos textos joaninos. Uma terceira forma de analisar a Revelação trinitária parte do exame de cada uma das Pessoas que nela subsistem, Pai, Filho e Espírito Santo.

Para facilitar a compreensão do tema, as próximas seções deste capítulo estão estruturadas conforme a primeira metodologia, ou seja, perpassam a Revelação que Jesus faz do Pai e de Si como Filho, para daí revelar o Espírito Santo, desde sua encarnação até o evento de Pentecostes, passando por seu batismo, ministério, paixão, morte e ressurreição. Atingido tal intento, poderemos analisar a Trindade sob as demais perspectivas, ainda que em caráter residual, se levarmos em consideração que o primeiro caminho já esgotaria o recurso de referência às passagens bíblicas exigidas pelo segundo, circunscrevendo cada uma das três Pessoas divinas passíveis de análise pela terceira via.

2.3 A Revelação das Pessoas da Santíssima Trindade

Veremos a seguir, de um ponto de vista meramente narrativo, de que modo o Novo Testamento apresenta a Revelação das três Pessoas divinas: Pai, Filho e Espírito Santo.

Reiteramos que esse modo de compreensão do mistério da Santíssima Trindade, sob a perspectiva narrativa, tem como base o Jesus histórico, no percurso de sua vida, identificando como Ele revela o Pai, a si como Filho e o Espírito, que, por sua vez, também revela o Pai.

2.3.1 A Revelação que Jesus faz do Pai e de si próprio como Filho

Veremos que, em toda a vida de Jesus e, sobretudo, em sua morte e ressurreição, Deus é revelado como Pai (Ladaria, 2012). No Novo Testamento, o Pai é assim mencionado por Jesus em diversas ocasiões, sendo a máxima expressão disso o termo *Abba*, indicativo de "paizinho" (Boff, 1987, p. 8). Em algumas dessas situações, Jesus não apenas fala de Deus como Pai, mas também se reporta como Filho deste, chegando ao ponto de igualmente assim comportar-se, sendo acusado de blasfêmia quando altera a lei divina[1], quando concede o perdão dos pecados[2] ou mesmo quando justifica a cura de um paralítico junto ao tanque de Betesda, no dia de sábado, expressando que "meu Pai continua agindo até agora e eu ajo também" (Jo 5,17).

Especificamente nessa passagem de João, a leitura do versículo seguinte[3] nos permite constatar que, além de ter afirmado sua condição de Filho, Jesus ainda se fazia igual a Deus, a ponto de a sequência dos versículos apresentar a comunhão que Ele tem com o Pai (Jo 5,10-30) e o testemunho que este lhe confere (Jo 5,31-47). Assim, sob a perspectiva neotestamentária, paternidade e filiação caminham juntas: "porque Jesus viveu 'em filiação', revelou-nos a Deus como Pai e mostrou a si mesmo como o Filho de Deus" (Ladaria, 2012, p. 64).

Indubitavelmente, é o Evangelho de João que de modo mais evidente se refere a Jesus como o Filho de Deus, mas também apresenta Jesus em unidade e comunhão com o Pai e como Pessoa divina distinta.

---

1 "Não julgueis que vim abolir a Lei ou os profetas. Não vim para os abolir, mas sim para levá-los à perfeição. [...] Ouvistes o que foi dito aos antigos [...]. Eu, porém, vos digo" (Mt 5,17-44).

2 "Como pode este homem falar assim? Ele blasfema. Quem pode perdoar pecados senão Deus?" (Mc 2,7).

3 "Por isso, pois, os judeus ainda mais procuravam matá-lo, porque não só quebrantava o sábado, mas também dizia que Deus era seu próprio Pai, fazendo-se igual a Deus" (Jo 5,18).

A filiação ao Pai está evidente em diversas passagens da oração sacerdotal. Por sua vez, a unidade de Jesus com o Pai fica expressa nas seguintes passagens de João: "Eu e o Pai somos um" (Jo 10,30) e "Quem me vê, vê o Pai" (Jo 14,9). A comunhão volta a expressar-se na passagem em que, ao rejeitar nova acusação de blasfêmia por se fazer como Deus, Jesus esclarece que realiza as obras do Pai para que saibam e reconheçam que o Pai está nele e Ele está no Pai, evidenciando não apenas sua verdadeira identidade como também sua distinção e identificação com Deus (Jo 10,35).

Por sua vez, nas diversas passagens em que Jesus, para dizer de si próprio, utiliza a expressão "Eu sou"[4], essa referência, em caráter absoluto, sem acréscimo de predicado, implica uma declaração de divindade, porque remonta à resposta conferida por Iahweh a Moisés no Monte Horeb:

> "Deus respondeu a Moisés: 'Eu sou aquele que sou'. E ajuntou: 'Eis como responderás aos israelitas: (Aquele que se chama) 'Eu sou' envia-me junto de vós'" (Ex 3,14).

Desse modo, Jesus não apenas revela Deus como também revela a si como tal. Ele é o próprio Deus revelado (Bingemer; Feller, 2009, p. 93). Há três ocasiões narradas no Novo Testamento nas quais Jesus é proclamado Filho de Deus, duas vezes pela própria voz do Pai e uma por meio de seu anjo. Vamos ilustrar esses três momentos no Quadro 2.4, referidos por Boff (2008) como três cenas expressivas da Trindade.

---

4 "O pão da vida" (Jo 6,35.41.48.51); "a luz do mundo" (Jo 8,12); "a porta" (Jo 10,7-9); "a videira" (Jo 15,1); "a ressurreição e a vida" (Jo 11,25); "o pastor" (Jo 10,1-11); e "o caminho" (Jo 14,6).

Quadro 2.4 – A proclamação de Jesus como Filho de Deus no Novo Testamento

Eventos relacionados à Pessoa do Filho	Passagem bíblica	Expressão
Anunciação	Lc 1,26-38	A operação dos divinos três é clara, como expressam em geral as pinturas clássicas dessa cena: o Pai manda o anjo Gabriel; o Filho-Verbo desce ao seio da Virgem; e o Espírito Santo, o **poder do Altíssimo**, opera a maravilha da encarnação.
Batismo	Mc 1,9-11	Momento em que se manifesta a **Trindade em ação**: o Filho é mergulhado no Jordão; o Pai faz ouvir sua voz; e do céu aberto o Espírito desce em forma de pomba.
Transfiguração	Mc 9,2-8	Aqui acontece uma teofania da Trindade santa: o Pai fala a partir do Céu; Jesus transfigurado é declarado o Filho amado; e o Espírito é insinuado pela nuvem (como viram os Santos Padres) que ensombreia Jesus, como aparece mais claramente na Anunciação em relação à Maria: "O Espírito (aparece) na clara nuvem" (Aquino, citado por João Paulo II, 1996, n. 19).

É interessante observarmos, todavia, que, à exceção da correspondente passagem joanina (Jo 1,31-34) que refere o Batismo de Jesus, todas as demais narrativas até aqui mencionadas não aludem ao Espírito Santo, terceira Pessoa da Santíssima Trindade, cuja revelação por Jesus veremos a seguir.

2.3.2 A Revelação que Jesus faz do Espírito Santo e a Revelação feita pelo próprio Espírito

A Revelação trinitária em Jesus não se limita ao Pai e a si próprio como Filho e Deus revelado, pois também alcança o Espírito Santo. Em Lucas encontramos a narrativa de que Jesus foi concebido por Maria mediante obra do Espírito Santo (Lc 1,35), ao passo que, no curso de sua vida pública, o referido Evangelho evidencia um Jesus "cheio do Espírito" e todo "movido" por Ele (Lc 3,22; 4,1.14.18). Mateus também afirma que "é pelo Espírito de Deus que eu expulso os demônios" (Mt 12,28).

Para além dos Evangelhos, após a morte e ressurreição de Jesus, a partir dos Atos dos Apóstolos, o Novo Testamento demonstra a realização da promessa do envio do Espírito Santo por Jesus, o que é feito por meio de sua vinda no Pentecostes e pela atuação na vida dos discípulos e primeiros cristãos. O evento de Pentecostes clarifica a distinção entre as Pessoas da Trindade, assim como a união destas em profunda igualdade de substância.

Outrossim, muito embora o Catecismo da Igreja Católica tenha assentado que a Revelação da Trindade ocorreu pela Pessoa do Filho, é importante destacarmos que o Espírito Santo também aparece no Novo Testamento e no referido documento magisterial como sujeito dessa revelação, e não apenas como objeto dela, conforme podemos observar nas passagens bíblicas listadas no Quadro 2.5.

Quadro 2.5 – A Trindade revelada pelo Espírito Santo

Revelação	Texto bíblico correspondente
Revelando Deus como *Abba*, Pai	"Porquanto não recebestes um espírito de escravidão para viverdes ainda no temor, mas recebestes o espírito de adoção, pelo qual clamamos: Aba! Pai" (Rm 8,15).
	"E, porque sois filhos, enviou Deus a nossos corações o Espírito de seu Filho que clama: Abbá, Pai!" (Gl 4,6).
Revelando Jesus como Filho de Deus e *Kyrios*	"Respondeu-lhe o anjo: 'O Espírito Santo descerá sobre ti, e a força do Altíssimo te envolverá com a sua sombra. Por isso, o ente santo que nascer de ti será chamado Filho de Deus'" (Lc 1,35).
	"Ora, apenas Isabel ouviu a saudação de Maria, a criança estremeceu no seu seio; e Isabel ficou cheia do Espírito Santo. E exclamou em alta voz: 'Bendita és tu entre as mulheres e bendito é o fruto do teu ventre. Donde me vem esta honra de vir a mim a mãe de meu Senhor?'"(Lc 1,41-43).
	"Ora, havia em Jerusalém um homem chamado Simeão. Esse homem, justo e piedoso, esperava a consolação de Israel, e o Espírito Santo estava nele. Fora-lhe revelado pelo Espírito Santo que não morreria sem primeiro ver o Cristo do Senhor" (Lc 2,25-26).
	"Por isso eu vos declaro: ninguém, falando sob a ação divina, pode dizer: 'Jesus seja maldito'; e ninguém pode dizer: 'Jesus é o Senhor', senão sob a ação do Espírito Santo" (1Cor 12,3).

Por sua vez, tendo em vista que Jesus expressamente diz que "O Paráclito, o Espírito Santo, que o Pai enviará em meu nome, irá ensinar-vos todas as coisas e vos recordará tudo o que vos tenho dito" (Jo 14,26), podemos afirmar que também o Pai e o Filho são revelados pelo Espírito Santo (CIC, n. 243).

2.4 A Revelação da Trindade no curso da vida de Jesus

Vista a Revelação das três Pessoas da Santíssima Trindade sob a perspectiva narrativa neotestamentária, passemos, nesta seção, ao estudo mais detalhado da Revelação do Pai, do Filho e do Espírito Santo no decorrer da vida terrena de Jesus Cristo. Para tanto, essa narrativa contextualizará os seguintes eventos, desmembrados em subseções:

- A Revelação da Trindade na encarnação
- A Revelação da Trindade no Batismo
- A Revelação da Trindade no ministério de Jesus
- A Revelação da Trindade no Mistério Pascal
- A Revelação da Trindade no Pentecostes

Analisemos, pois, cada um desses eventos na sequência.

2.4.1 A Revelação da Trindade na encarnação

A revelação da Trindade na encarnação de Jesus parte da anunciação do anjo à Virgem Maria, citada no primeiro capítulo do Evangelho de Lucas, no qual o anjo assim responde à Maria: "O Espírito Santo descerá sobre ti, e a força do Altíssimo te envolverá com a sua sombra. Por isso, o ente santo que nascer de ti será chamado Filho de Deus" (Lc 1,35).

Na referida passagem, além de revelar o Pai, Jesus também revela o Espírito Santo, pois o texto alude a uma força que nele habita, mas lhe é distinta, mencionando, de maneira expressa, as três Pessoas da Trindade distintamente. O Pai não é o Filho, que, por sua vez, não é o Espírito Santo, que, também por sua vez, não é o Pai. Da mesma forma, o Pai não é o Espírito Santo, que, por sua vez, não é o Filho, que também não é o Pai.

Entretanto, apesar da distinção, a passagem deixa de fazer referência à unidade de natureza das Pessoas ali citadas, o que será examinado mais detalhadamente no Capítulo 3 deste livro. Posteriormente à Revelação da Trindade na encarnação de Jesus, esse mistério da fé cristã foi também descortinado por ocasião de seu batismo, conforme veremos a seguir.

2.4.2 A Revelação da Trindade no Batismo

No Evangelho de Marcos, Jesus também é referido como Filho e, novamente, é mencionado o Espírito Santo como uma força presente nele, porém distinta.

> "No momento em que Jesus saía da água, João viu os céus abertos e descer o Espírito em forma de pomba sobre ele. E ouviu-se dos céus uma voz: 'Tu és o meu Filho muito amado; em ti ponho minha afeição'. E logo o Espírito o impeliu para o deserto" (Mc 1,10-12).

Além de Marcos, os outros evangelistas também enunciam distintamente as três Pessoas da Trindade:

> "Depois que Jesus foi batizado, saiu logo da água. Eis que os céus se abriram e viu descer sobre ele, em forma de pomba, o Espírito de Deus. E do céu baixou uma voz: 'Eis meu Filho muito amado em quem ponho minha afeição'" (Mt 3,16-17).

> "Em seguida, Jesus foi conduzido pelo Espírito ao deserto para ser tentado pelo demônio" (Mt 4,1).

> "Quando o povo ia sendo batizado, também Jesus o foi. E estando ele a orar, o céu se abriu" (Lc 3,21).

> "Cheio do Espírito Santo, voltou Jesus do Jordão e foi levado pelo Espírito ao deserto" (Lc 4,1).

> "(João havia declarado: 'Vi o Espírito descer do céu em forma de uma pomba e repousar sobre ele'). Eu não o conhecia, mas aquele que me mandou batizar com água disse-me: Sobre quem vires descer e repousar o Espírito, este é quem batiza no Espírito Santo. Eu o vi e dou testemunho de que ele é o Filho de Deus" (Jo 1,32-34).

Nessas passagens, novamente presenciamos as três Pessoas da Trindade sendo enunciadas de maneira distinta.

Aqui vale relembrar que, na Revelação do mistério trinitário pelo Batismo, Jesus é expressamente proclamado Filho de Deus pela própria voz do Pai, o que é referido por Boff (2008) como uma das cenas expressivas da Trindade, num momento em que esta se manifesta em ação, quando o Filho é mergulhado no Jordão, enquanto o Pai faz ouvir sua voz e do céu aberto o Espírito Santo desce sob a forma de pomba.

2.4.3 A Revelação da Trindade no ministério de Jesus

É com o Batismo no Jordão que tem início o ministério de Jesus, na região da Galileia, pois esse é o enunciado que precede as passagens bíblicas que destacamos na Seção 2.4.2, muito embora a passagem correspondente em Lucas faça referência ao Batismo como uma preparação para aquela vida pública. A partir daí, Jesus desenvolve um trajeto de vida que o conduzirá ao doloroso caminho do Calvário.

Nesse percurso, Jesus anuncia o Reino de Deus, mediante diversos ensinamentos, muitos dos quais ministrados por meio de parábolas ou ações parabólicas, realizando milagres, perdoando e acolhendo pecadores e confrontando os doutores da época. Se analisados em superfície os itens elencados, podemos resumir a vida de Jesus em duas palavras: mensagem e praxe, ou seja, palavras e ações. Jesus falou e Jesus fez; nesse dizer e nesse fazer revelou a Trindade.

Durante seu ministério, como vimos, Jesus se referiu a Deus como Pai e se referiu a si próprio como Filho de Deus ou mesmo se equiparou a Ele. Assíduo às festas religiosas, na festa dos Tabernáculos afirmou expressamente ter sido enviado pelo Pai, de quem procede (Jo 7,29), e, posteriormente, na festa da Dedicação, confirmou sua unidade em relação Àquele (Jo 10,29-30). Ainda em sua pregação, mais especificamente no Sermão da Montanha, Jesus assumiu como sua a definitiva palavra de Deus, por meio do paralelismo expresso em: "Ouviste o que dito aos antigos [...]. Eu, porém, vos digo" (Mt 5,21-22). Mencionou, assim, um novo proceder que extrapolou a lei, respaldando essa mensagem em sua própria autoridade.

Entre tantas parábolas, Jesus ensinou sobre a compaixão de um Pai para com seu Filho Pródigo (Lc 15,11-32), igualmente prenunciando sua paixão na parábola dos vinhateiros, que culmina na morte do filho amado do senhor da vinha (Lc 20,9-19). Quanto à sua conduta, já vimos que, imbuído do Espírito Santo, Jesus expulsou demônios, assim como operou milagres no dia de sábado, afirmando agir tal como o Pai de quem é Filho (Jo 5,17-18). Veremos adiante que notadamente esse proceder, respaldado num discurso que indica sua filiação, unidade e comunhão com o Pai, além da própria divindade, foi visto com maus olhos pelos fariseus, sacerdotes e doutores da lei de seu tempo, deflagrando o conflito que O levaria à sua condenação e morte de cruz.

2.4.4 A Revelação da Trindade no Mistério Pascal

No Capítulo 1, fizemos referência ao Mistério Pascal como o ápice da Revelação trinitária. Nesta seção, com mais detalhes, vamos abordar de que modo esse mistério evidencia a Trindade. Para tanto, examinaremos como a Trindade é manifestada no Mistério Pascal e nos eventos da crucificação e da ressurreição.

Na crucificação, a chave de interpretação consiste no termo *entrega*, pois o que vemos na cruz são as três Pessoas divinas envoltas na dinâmica da doação amorosa. Nesse evento, a Trindade é revelada na unidade do Pai que entrega o Filho e do Filho que se entrega, assim como no Espírito entregue pelo Filho nas mãos do Pai (Lc 23,46). Na entrega que o Pai faz do Filho está presente uma passividade divina refletida no "sofrimento do Pai na paixão do Filho, enraizado numa entrega de amor que encontra seu correspondente veterotestamentário no sacrifício de Abraão" (Bingemer; Feller, 2009, p. 85)[5].

Na entrega que o Filho faz de si mesmo, Ele o faz pelo mundo, em obediência ao Pai e impelido pelo Espírito Santo. A expressão *dar a vida* pode ser encontrada no Evangelho de João em cinco versículos do capítulo 10 (Jo 10,11.15.17.18.28). A referência a essa entrega também consta, respectivamente, em textos paulinos: "que se entregou

---

5 No Antigo Testamento, Abraão, pai de Isaac, ao entregar seu filho para sacrifício, não precisou consumar a entrega (Gn 22). No entanto, no Novo Testamento, Deus Pai realiza a entrega de seu Filho Jesus: "Aquele que não poupou seu próprio Filho, mas que por todos nós o entregou" (Rm 8,32), o que tem seu correspondente na passagem joanina: "Com efeito, de tal modo Deus amou o mundo que lhe deu seu Filho único" (Jo 3,16).

por nossos pecados" (Gl 1,4); "Filho de Deus, que me amou e se entregou por mim" (Gl 2,20); "que se entregou como resgate por todos" (1Tm 2,6); e "que se entregou por nós, a fim de nos resgatar de toda a iniquidade, nos purificar e nos constituir seu povo de predileção, zeloso na prática do bem" (Tt 2,14).

Já a entrega do Espírito Santo é evidenciada, por excelência, no Evangelho de João:

> "havendo Jesus tomado do vinagre, disse: 'Tudo está consumado'. Inclinou a cabeça e entregou o espírito" (Jo 19,30).

Segundo Balthasar (1993), é o Espírito que, entre a morte e a ressurreição, conserva Pai e Filho unidos no seio da experiência mais extrema de abandono, como, aliás, também sublinham Bingemer e Feller (2009, p. 86-87):

> O Espírito Santo é, dessa forma, na paixão, aquele que mantém o colóquio trinitário no silêncio da morte e no momento do triunfo do poder das trevas, quando a criação mergulha nas trevas do caos inicial. É ele que testemunha que esse vento da cruz é um ato que se desenrola em Deus e não fora dele e que, mesmo no silêncio tenebroso da paixão e da morte do Filho de Deus, o colóquio trinitário permanece [...]. No evento gólgota, a teologia pode dizer que ambos sofrem: o Filho que morre abandonado pelo Pai; o Pai que sofre a morte do Filho. Na mais profunda separação, na mais absoluta solidão está a mais profunda comunhão. E essa comunhão se encontra no Espírito.

Por sua vez, também podemos constatar a revelação da Trindade no evento da ressurreição. O Pai ressuscita o Filho, nele insuflando o Sopro santo e vivificador, o que está registrado em diversos textos do Novo Testamento[6], mas também pode ser identificado em muitas passagens concentradas no livro dos Atos dos Apóstolos:

---

6 Cf. Rm 10,9; 1Cor 6,14; 15,15; 2Cor 4,14; Gl 1,1; 1Ts 1,10; 1Pd 1,21.

"Mas Deus o ressuscitou, rompendo os grilhões da morte, porque não era possível que ela o retivesse em seu poder". "A este Jesus, Deus o ressuscitou: do que todos nós somos testemunhas" (At 2,24.32).

"Matastes o Príncipe da vida, mas Deus o ressuscitou dentre os mortos: disso nós somos testemunhas". "Foi em primeiro lugar para vós que Deus suscitou o seu servo, para vos abençoar, "a fim de que cada um se aparte da sua iniquidade" (At 3,15.26).

"ficai sabendo todos vós e todo o povo de Israel: foi em nome de Jesus Cristo Nazareno, que vós crucificastes, mas que Deus ressuscitou dos mortos. Por ele é que esse homem se acha são, em pé, diante de vós" (At 4,10).

"O Deus de nossos pais ressuscitou Jesus, que vós matastes, suspendendo-o num madeiro" (At 5,30).

"Mas Deus o ressuscitou ao terceiro dia e permitiu que aparecesse" (At 10,40).

"Mas Deus o ressuscitou dentre os mortos." "Que Deus o ressuscitou dentre os mortos, para nunca mais tornar à corrupção, ele o declarou desta maneira: Eu vos darei as coisas sagradas prometidas a Davi (Is 55,3). E diz também noutra passagem: Não permitirás que teu Santo experimente a corrupção (Sl 15,10). Ora, Davi, depois de ter servido em vida aos desígnios de Deus, morreu. Foi reunido a seus pais e experimentou a corrupção. Mas aquele a quem Deus ressuscitou não experimentou a corrupção" (At 13,30.34-37).

Porquanto fixou o dia em que há de julgar o mundo com justiça, pelo ministério de um homem que para isso destinou. Para todos deu como garantia disso o fato de tê-lo ressuscitado dentre os mortos" (At 17,31).

Cristo ressuscita a si mesmo, o que é demonstrado em várias passagens dos Evangelhos Sinóticos[7] e dos textos paulinos[8] e, de modo muito enfático, pelo próprio Jesus, em duas passagens do Evangelho de João, numa das quais afirma: "O Pai me ama, porque dou a minha vida para a retomar" (Jo 10,17). Na segunda passagem, ainda mais emblemática, consta o episódio em que Jesus expulsa os vendilhões do Templo de Jerusalém, lugar onde faz uma alusão temporal ao evento da ressurreição:

> "Respondeu-lhes Jesus: 'Destruí vós este templo, e eu o reerguerei em três dias'. Os judeus replicaram: 'Em quarenta e seis anos foi edificado este templo, e tu hás de levantá-lo em três dias?!' Mas ele falava do templo do seu corpo" (Jo 2,19-21).

O Espírito Santo é a força da ressurreição de Cristo: "segundo o Espírito de santidade, foi estabelecido Filho de Deus no poder por sua ressurreição dos mortos" (Rm 1,4); "também Cristo morreu uma vez pelos nossos pecados – o Justo pelos injustos, para nos conduzir a Deus. Padeceu a morte em sua carne, mas foi vivificado quanto ao espírito" (1Pd 3,18). Todavia, a força do Espírito não se esgota nesse movimento, sendo estendida para nós, pois "se o Espírito daquele que ressuscitou Jesus dos mortos habita em vós, ele, que ressuscitou Jesus Cristos dos mortos, também dará a vida aos vossos corpos mortais, pelo seu Espírito que habita em vós" (Rm 8,11).

2.4.5 A Revelação da Trindade no Pentecostes

Definido o Mistério Pascal da morte e ressurreição de Jesus como um momento especialmente importante do mistério de Deus (Ladaria,

---

[7] Cf. Mt 27,64; 28,7; Mc 16,6; Lc 24,6.34.
[8] Cf. Rm 8,34; 1Cor 15,3-5.12-15; 1Ts 4,14.

2012, p. 121), falta discorrermos sobre o Pentecostes, que, coroando a missão salvífica de Cristo, também é lugar para ação da Trindade. No Evangelho joanino, Jesus fala aos seus discípulos sobre o envio do Espírito Santo pelo Pai, do qual este procede (Jo 15,26). Por meio da súplica que Jesus faz ao Pai, a promessa da vinda do Espírito Santo é concretizada para a Igreja e o mundo:

> Pedirei ao Pai e Ele vos mandará o Espírito" (Jo 14,16).

> Jesus "recebeu do Pai o Espírito prometido e o derramou, como vós vedes e ouvis" (At 2,33).

O item n. 731 do Catecismo da Igreja Católica, em referência ao Ato dos Apóstolos (At 2,1-13), destaca que "no dia de Pentecostes (no termo das sete semanas pascais), a Páscoa de Cristo completou-se com a efusão do Espírito Santo que Se manifestou, Se deu e Se comunicou como Pessoa divina: da sua plenitude, Cristo Senhor derrama em profusão o Espírito". Como consequência desse enunciado, concluiu-se que foi no dia de Pentecostes que a Santíssima Trindade foi plenamente revelada (CIC, n. 732).

Entretanto, como vimos no início desta seção, é possível identificar a Revelação trinitária antes mesmo dessa passagem, ainda nos Evangelhos, por ocasião da promessa da vinda do Espírito Santo, realizada durante o discurso de despedida de Jesus na celebração da Última Ceia, conforme relata o Evangelho de João:

> "E eu rogarei ao Pai, e ele vos dará outro Paráclito, para que fique eternamente convosco" (Jo 14,16).

> "Mas o Paráclito, o Espírito Santo, que o Pai enviará em meu nome, irá ensinar-vos todas as coisas e vos recordará tudo o que vos tenho dito" (Jo 14,26).

> "Quanto vier o Paráclito, que vos enviarei da parte do Pai, o Espírito da Verdade, que procede do Pai, ele dará testemunho de mim" (Jo 15,26).

> "Entretanto, digo-vos a verdade: convém a vós que eu vá! Porque, se eu não for, o Paráclito não virá a vós; mas se eu for, vo-lo enviarei" (Jo 16,7).

> "Quando vier o Paráclito, o Espírito da Verdade, ele vos ensinará toda a verdade, porque não falará por si mesmo, mas dirá o que ouvir, e vos anunciará as coisas que virão. Ele me glorificará, porque receberá do que é meu, e vo-lo anunciará. Tudo o que o Pai possui é meu. Por isso, disse: Há de receber do que é meu, e vo-lo anunciará" (Jo 16,13-15).

Nessas passagens joaninas, segundo leciona Kloppenburg (2001, p. 31), as palavras proferidas por Jesus em relação ao Pai, a si próprio e ao Espírito claramente demonstram a presença de três Pessoas nitidamente distintas e que não se identificam, tampouco se confundem, na unidade de um único Deus.

Por sua vez, contemplamos novamente a promessa da vinda do Espírito Santo após a ressurreição, quando Jesus aparece aos seus discípulos e lhes recomenda permanecer em Jerusalém até serem revestidos da força do alto, afirmando expressamente: "Eis que eu vos enviarei o que meu Pai prometeu" (Lc 24,49). Esse episódio será recordado em Atos, com o acréscimo de uma informação: "'ouvistes' – disse ele – 'de minha boca; porque João batizou na água, mas vós sereis batizados no Espírito Santo daqui a poucos dias'" (At 1,4-5), reiterando que "descerá sobre vós o Espírito Santo e vos dará força" (At, 1,8). Não obstante, mesmo antes de a promessa ser concretizada (At 2,4), o próprio Evangelho joanino narra o sopro do Espírito Santo conferido por Jesus ressuscitado aos seus discípulos:

> "Na tarde do mesmo dia, que era o primeiro da semana, os discípulos tinham fechado as portas do lugar onde se achavam, por medo dos judeus. Jesus veio e pôs-se no meio deles. Disse-lhes ele: 'A paz esteja convosco'. Dito isso, mostrou-lhes as mãos e o lado. Os discípulos alegraram-se ao ver o Senhor. Disse-lhes outra vez: 'A paz esteja convosco! Como o pai me enviou, assim também eu vos envio a vós'. Depois dessas palavras, soprou sobre eles dizendo-lhes: 'Recebei o Espírito Santo'" (Jo 20,19-22).

Segundo o frei Clodovis Boff (2008, p. 11), o Espírito Santo figura como o grande protagonista no Pentecostes, surgindo como Sopro poderoso que inunda todo o cenáculo e, também, como Fogo, dividindo-se em línguas que pousaram sobre cada apóstolo, enchendo-lhes o coração de graça e de ardor missionário.

2.5 Compreensão da Revelação trinitária com base nas teologias neotestamentárias

Realizado o estudo da Revelação da Trindade a partir da Pessoa de Jesus, tendo em vista seu itinerário de vida, mencionaremos aqui outras metodologias que podem ser empregadas para a compreensão do mistério trinitário, sob a perspectiva das teologias presentes na literatura neotestamentária. Dessa forma, é possível fazer um estudo sobre a relação entre Pai, Filho e Espírito Santo que parta dos textos paulinos, prossiga com os Evangelhos Sinóticos e culmine nos nos escritos joaninos.

Em linhas gerais, nos estudos realizados por Werbick (2001, p. 434-435), é possível identificar na teologia paulina "uma diferenciação e unidade funcional entre o Pai, o Filho e o Espírito Santo", o que também é corroborado por Bingemer e Feller (2009, p. 71-72), ao apontarem que nesses escritos "Jesus é Deus diferente de Deus-Pai". Já com relação à teologia sinótica, Werbick (2001) percebe um Jesus revestido do Espírito Santo e unido ao Pai, ao passo que Bingemer e Feller (2009) afirmam que Jesus é Deus nos fatos humanos, por meio de quatro vias indicadas por Kasper (1985)[9], quais sejam, a pregação; a manifestação e o comportamento de Jesus; o apelo aos seus seguidores; e a invocação de Deus por Jesus. Quanto à análise dos escritos joaninos, Werbick (2001) trata do amor que une o Pai e o Filho e o Espírito da Verdade; Bingemer e Feller (2009), por outro lado, aludem à unidade e à alteridade entre Jesus e Deus Pai. Não obstante, o estudo das páginas desses autores nos remete aos textos neotestamentários aqui já tratados, servindo de complemento ao presente estudo.

2.6 Fórmulas trinitárias neotestamentárias

A partir da Revelação trinitária realizada por Jesus e pelo Espírito Santo, no Novo Testamento já são introduzidas fórmulas trinitárias que expressam a confissão de fé das primeiras comunidades. As fórmulas trinitárias neotestamentárias, afirma Boff (2008), são fórmulas performativas, pois dispensam explicação, já que fazem o que dizem. Partimos da única fórmula trinitária encontrada nos Evangelhos, que reflete a prática batismal da Igreja primitiva, como, aliás, testemunha a *Didaqué* (2009), aqui reproduzida.

---

9 Os autores também sugerem a leitura de Forte (1985, p. 217-232).

> "Ide, pois, e ensinai a todas a nações; batizai-as em nome do Pai, do Filho e do Espírito Santo" (Mt 28,19).

Essa fórmula, referida por Kloppenburg (2001, p. 33) como uma verdadeira consagração à Santíssima Trindade, simultaneamente afirma a pluralidade das três Pessoas e a unidade de substância delas, uma vez que o Batismo é realizado em nome, no singular (Ladaria, 2012, p. 118). Porém, se nos Evangelhos encontramos apenas uma fórmula trinitária, o mesmo não podemos dizer dos textos paulinos, nos quais encontramos uma profusão delas[10]:

> "A graça do Senhor Jesus Cristo, o amor de Deus e a comunhão do Espírito Santo estejam com todos vós" (2Cor 13,13).

> "Há diversidade de carismas, mas um só é o Espírito; há diversidade de ministérios, mas um só e mesmo é o Senhor; há diversidade de operações, mas um só é Deus" (1Cor 12,4-6).

> "É por Ele [Jesus Cristo] que temos acesso ao Pai num mesmo Espírito" (Ef 2,18).

> "Deus enviou a nossos corações o Espírito de seu Filho [Jesus], que clama: Abba, Pai" (Gl 4,6).

> "Se o Espírito d'Aquele [Pai] que ressuscitou Jesus dentre os mortos" (Rm 8,11).

Além dos textos paulinos, encontramos fórmulas trinitárias em outros autores do Novo Testamento:

---

10 São Paulo ainda tem mais de uma dezena de textos com uma estrutura trinitária: Gl 3,11-14; 2Co 1,21-22; 3,3; Rm 14,17-18; 15,16.30; Fl 3,3; 2Ts 2,13-14; Ef 2,20-22; 3,14-17; Tt 3,4-6.

> "Os que [...] participaram do Espírito Santo, saborearam a excelente Palavra de "Deus [Pai] e em seguida renegaram a fé, crucificando de novo e expondo ao escárnio o Filho de Deus" (Hb 6,4-6).

> aos eleitos segundo os desígnios de Deus Pai, pela santificação do Espírito para obedecer a Jesus Cristo" (1Pd 1,2).

> "Orai no Espírito Santo, permanecei no amor de Deus, ponde vossa esperança na misericórdia de Nosso Senhor Jesus Cristo" (Jd 1,20-21).

> "Graça e paz da parte d'Aquele que é, que era e que vem, da parte dos Sete Espíritos que estão diante de seu trono e da parte de Jesus Cristo, a testemunha fiel" (Ap 1,4-5).

Por seu turno, no livro dos Atos dos Apóstolos, as fórmulas trinitárias aparecem particularmente mais vivenciadas do que pensadas, o que podemos extrair, por exemplo, do primeiro discurso de Pedro após o Pentecostes (At 2,32-33)[11], na morte de Estêvão (At 7,55)[12] e em outro discurso de Pedro, desta vez em Antioquia (At 10,37-38)[13].

---

11 "Jesus [...] exaltado à direita de Deus, recebeu do Pai o Espírito Santo prometido".
12 "Estêvão, cheio de Espírito Santo, fitou os olhos no céu e viu a glória de Deus, e Jesus de pé, à direita de Deus".
13 "Jesus de Nazaré [...] que Deus ungiu com o Espírito Santo e poder".

2.7 Visões trinitárias no Apocalipse

Em caráter de arremate do estudo proposto até aqui, vamos considerar o entendimento de Clodovis Boff (2008) ao apresentar duas visões da Trindade no Livro do Apocalipse.

Encontramos, primeiramente, uma belíssima representação da Trindade por meio da corte celeste, em que Deus Pai é referido como um Ser sentado num trono: "Imediatamente, fui arrebatado em espírito; no céu havia um trono, e nesse trono estava sentado um Ser" (Ap 4,2). O Filho, por sua vez, é visto como um Cordeiro, "de pé", "no meio do trono": "Eu vi no meio do trono, dos quatro Animais e no meio doas Anciãos um Cordeiro de pé, como que imolado. Tinha ele sete chifres e sete olhos (que são os sete Espíritos de Deus, enviados por toda a terra)" (Ap 5,6). E o Espírito Santo é caracterizado como tochas de fogo prostradas diante do torno: "Do trono saíam relâmpagos, vozes e trovões. Diante do trono ardiam sete tochas de fogo, que são os sete Espíritos de Deus" (Ap 4,5) – no caso, o Espírito Santo na plenitude de seus sete dons, hodiernamente simbolizado pela *menorah* judaica, um candelabro de sete braços.

Posteriormente, surge um segundo quadro da Trindade no Livro do Apocalipse, agora no mundo consumado, pois o texto faz referência ao "novo céu" e à "nova terra". Nessa passagem, o Pai surge simplesmente como Deus; o Filho como o Cordeiro; e o Espírito Santo como um rio de água viva: "Mostrou-me depois um rio de água da vida, límpido como cristal, que saía do trono de Deus e do Cordeiro. No meio da praça, de um lado e do outro do rio, há árvores da vida que frutificam doze vezes, dando fruto a cada mês; e suas folhas servem para curar as nações" (Ap 22,1-2).

Síntese

Neste capítulo, tratamos da Revelação trinitária neotestamentária. Preliminarmente, destacamos que o título deste capítulo não implica a inexistência de vestígios dessa mesma Trindade no Antigo Testamento. Em seguida, propriamente ingressando na finalidade do capítulo e partimos da indicação de três modos de compreender o processo de Revelação trinitária, adentrando, por consequência, na revelação de cada uma das Pessoas divinas.

O ponto central do capítulo está na afirmação de que a Trindade é revelada por Jesus, pelo modo como Ele revela o Pai e a si mesmo como Filho. Na sequência, abordamos a revelação feita por Jesus em relação à Pessoa do Espírito Santo e a própria revelação feita pelo Espírito. Concentrando a atenção na Pessoa do Filho, detalhamos de que modo a Trindade foi revelada em sua encarnação, no Batismo, na vida pública e no Mistério Pascal, culminando no Pentecostes.

Por fim, discorremos sobre a compreensão da Revelação da Trindade com base nas teologias neotestamentárias e descrevemos as fórmulas trinitárias presentes no Novo Testamento, encerrando o estudo proposto com a apresentação das visões das Pessoas divinas no Livro do Apocalipse.

Indicação cultural

Para um entendimento mais amplo sobre as naturezas divina e humana de Jesus Cristo, assim como seus reflexos na compreensão deste como Filho, recomendamos a leitura do Livro IX de Hilário de Poitiers, em que rebate os argumentos arianos quanto à inferioridade filial, por meio de uma análise dessas naturezas e de seus estágios (antes da encarnação, durante a vida terrena e após a ressurreição).

POITIERS, H. de. Livro Nono. In: POITIERS, H. de. **Tratado sobre a Santíssima Trindade**. São Paulo: Paulus, 2005. p. 133-162. (Coleção Patrística, n. 22).

Atividades de autoavaliação

1. Assinale a alternativa correta:
   a) Com base no Novo Testamento, o estudo da Trindade inclui necessariamente a análise da narrativa da encarnação de Jesus, sua morte e ressurreição e o evento de Pentecostes.
   b) Não é possível identificar traços da Trindade já na obra da criação, mesmo antes da encarnação do Filho e da missão do Espírito.
   c) A identificação de vestígios trinitários veterotestamentários compromete a autonomia e a independência como fundamentos para a tradição judaica monoteísta.
   d) O Novo Testamento não contém passagens bíblicas que indicam o anúncio das Pessoas trinitárias no Antigo Testamento.
   e) Os primeiros cristãos não levaram em consideração os textos do Antigo Testamento para fundamentar a Revelação trinitária.

2. Assinale a alternativa correta:
   a) Uma forma de compressão da Trindade parte da perspectiva da narrativa de Jesus.
   b) Uma forma de compreender a Revelação da Trindade parte das teologias apresentadas pelos escritos neotestamentários.
   c) Uma forma de compreender a Trindade parte da análise de cada uma das Pessoas divinas.
   d) Uma forma de compreender a Trindade parte dos Evangelhos e dos textos paulinos.
   e) Todas as alternativas estão corretas.

3. Indique se as afirmações a seguir são verdadeiras (V) ou falsas (F):
   ( ) Jesus revela o Pai e a si próprio como Filho.
   ( ) Indubitavelmente, é o Evangelho de João que de modo mais evidente se refere a Jesus como o Filho de Deus.
   ( ) Jesus é proclamado Filho de Deus pela própria voz do Pai, no Batismo e na transfiguração, e uma vez pela voz do anjo Gabriel, na anunciação, sendo que em todas há menção ao Espírito Santo.
   ( ) Jesus revela o Espírito Santo, mas este próprio também se revela e, segundo o Catecismo da Igreja Católica, igualmente revela o Pai e o Filho.
   ( ) Podemos compreender a Revelação trinitária no curso da vida de Jesus, na encarnação, no Batismo e no ministério de vida, no Mistério Pascal e no evento de Pentecostes.

   Agora, assinale a alternativa que corresponde corretamente à sequência obtida:
   a) V, F, V, F, V.
   b) V, V, F, V, V.
   c) V, V, V, F, F.
   d) V, V, F, F, V.
   e) V, F, F, V, F.

4. Assinale a alternativa correta:
   a) No evento da encarnação, além da revelação do Pai, Jesus também revela o Espírito Santo.
   b) Durante seu ministério de vida, por meio de palavras e ações, Jesus revelou a Trindade.
   c) No evento da crucificação, a chave de interpretação para a Revelação da Trindade reside no termo *entrega*.

d) No evento da ressurreição, Cristo ressuscita a si mesmo, o que é demonstrado em várias passagens dos Evangelhos Sinóticos e nos textos paulinos, mas de modo muito enfático em duas passagens do Evangelho de João.
e) Todas as alternativas estão corretas.

5. Assinale a alternativa correta:
   a) No evento de Pentecostes, em que pese a Revelação trinitária contida no livro dos Atos dos Apóstolos, é possível identificá-la no Evangelho de João.
   b) Na teologia paulina não podemos identificar uma diferenciação entre o Pai e o Filho.
   c) Encontramos uma profusão de fórmulas trinitárias nos Evangelhos.
   d) Encontramos fórmulas trinitárias apenas nos Evangelhos e nos textos paulinos.
   e) As fórmulas trinitárias são exclusivas dos Evangelhos e dos textos paulinos.

Atividades de aprendizagem

Questões para reflexão

1. Além dos textos paulinos expressamente mencionados neste capítulo, com relação às fórmulas trinitárias, pesquise outros que mostrem diferentes fórmulas e registre-as.

2. Segundo Oliveira (2017, p. 31-32), a exegese realizada pelos primeiros cristãos implicou um descortinar do que estava cerrado, como que "a retirar o lacre que impede enxergar o que está dentro de um rolo ou dentro de um embrulho". Proceda à leitura da Segunda

Carta aos Coríntios (2Cor 3,13-18)[14] e, tendo em vista o disposto na carta paulina, bem como o conteúdo estudado neste capítulo, explique com suas palavras qual é a importância de Jesus para a Revelação trinitária.

Atividades aplicadas: prática

1. Se Jesus Cristo, o Filho de Deus, é consubstancial ao Pai, tendo a mesma natureza, como explicar o conteúdo das passagens bíblicas destacadas a seguir?

> "Por que me chamas bom? Ninguém é bom a não ser o único Deus" (Lc 18,19).

> "O Pai é maior do que eu" (Jo 14,28).

> "Quanto ao dia e à hora ninguém conhece, nem os anjos nos céus, nem o Filho, mas somente o Pai" (Mc 13,32).

---

14 "Não fazemos como Moisés, que cobria o rosto com um véu para que os filhos de Israel não fixassem os olhos no fim daquilo que era transitório. Em consequência, a inteligência deles permaneceu obscurecida. Ainda, agora, quando leem o Antigo Testamento, esse mesmo véu permanece abaixado, porque é só em Cristo que ele deve ser levantado. Por isso, até o dia de hoje, quando leem Moisés, um véu cobre-lhes o coração. Esse véu só será tirado quando se converterem ao Senhor. Ora, o Senhor é Espírito e, onde está o Espírito do Senhor, aí há liberdade. Mas todos nós temos o rosto descoberto, refletimos como num espelho a glória do Senhor e nos vemos transformados nessa mesma imagem, sempre mais resplandecentes, pela ação do Espírito do Senhor".

3
A fé na Trindade

Considerando a estrutura que o Catecismo da Igreja Católica (CIC) apresenta quanto à Trindade, precisamos abordar como a Igreja formulou a doutrina da fé sobre esse mistério. Em outras palavras, vamos tratar do dogma[1] da Trindade no Magistério da Igreja[2], o que justifica o título deste capítulo – "A fé na Trindade". No referido documento magisterial, a temática da Trindade está dividida em dois momentos, o primeiro atinente à formação do dogma trinitário e o segundo relativo ao dogma propriamente dito.

---

1 "Os dogmas são luzes no caminho de nossa fé: iluminam-no e tornam-no seguro" (CIC, n. 89), propondo "verdades contidas na Revelação divina ou [...] verdades que tenham com elas um nexo necessário" (CIC, n. 88).

2 Ofício incumbido aos bispos em comunhão com o papa para que se interprete autenticamente a Palavra de Deus (CIC, n. 85).

Neste capítulo, trataremos da Santíssima Trindade na doutrina da fé, sob a perspectiva da formação do dogma trinitário, reservando o desenvolvimento daquele segundo momento para o Capítulo 4, o qual se ocupará das Pessoas divinas e suas relações. Aqui, vamos nos concentrar em descrever alguns enunciados importantes do Catecismo da Igreja Católica, além de esboçar a contribuição de teólogos para a reflexão sistemática, com destaque para Santo Agostinho e São Tomás de Aquino, entre outros oriundos do tempo da escolástica. Vamos identificar, ainda, os caminhos percorridos para a formação do dogma trinitário, analisando as heresias que foram combatidas pelos Santos Padres da Igreja e que culminaram nas confissões de fé aprovadas nos concílios ecumênicos, com destaque para os de Niceia e Constantinopla.

Tendo em vista o contexto dogmático conciliar, também apresentaremos o debate sobre a *Filioque*, a procedência do Espírito Santo, além da Pericórese, abordando a Trindade no Concílio Vaticano II e para além deste, com destaque para a Conferência de Puebla. Entrementes, vamos examinar um recurso especialíssimo utilizado pela Igreja para a formulação do dogma trinitário, sem o qual ainda remanesceriam profundas confusões e equívocos.

3.1 Caminhos percorridos para a formação do dogma trinitário

Para tratarmos da Trindade como dogma de fé, na perspectiva da formação da doutrina, precisamos situar, preliminarmente, que essa etapa dogmática consiste no terceiro momento em que o ministério trinitário se manifesta, tendo sido precedida por outras duas etapas.

Segundo Boff (2008, p. 12-13), antes de ser doutrina, a Trindade foi experiência (subjetiva) e, antes mesmo, história (objetiva). No Capítulo 1, já abordarmos sua condição histórica, ao tratarmos da Pessoa de Jesus, sua mensagem e prática condutoras ao Mistério Pascal, caracterizado como o evento supremo da manifestação da Trindade imanente. Na condição de experiência, o mistério trinitário se manifestou em termos querigmáticos, também sendo expresso em ambiente litúrgico, mediante celebração, sobretudo, no Batismo – por meio da fórmula trinitária contida em Mateus (Mt 28,19)[3] e na Eucaristia[4], entre outros[5].

Especificamente com relação ao Batismo, a Revelação trinitária esteve na raiz da fé viva da Igreja, desde sua origem, sobretudo por meio desse sacramento, pois a expressão da Revelação trinitária experienciada reside na fórmula da fé batismal, posteriormente desenvolvida na pregação, na catequese e na oração da Igreja (CIC, n. 249), sendo exemplo disso a saudação extraída do texto paulino direcionado à comunidade de Corinto, já referida no Capítulo 2: "a graça do Senhor Jesus Cristo, o amor de Deus e a comunhão do Espírito Santo estejam com todos vós" (2Cor 13,13).

O mistério trinitário que foi revelado e passou a ser vivido, confessado, anunciado e celebrado precisava ser aprofundado em sua reflexão,

---

3 Seguindo a fórmula presente na citada passagem do Evangelho, o Capítulo VII da *Didaqué* (2009, p. 19), ao tratar da celebração litúrgica batismal, orientava que o sacramento fosse administrado "em nome do Pai e do Filho e do Espírito Santo".

4 Na celebração desse sacramento, era costume orar ao Pai, pelo Filho no Espírito Santo, como confirma São Justino em sua *Apologia* dirigida ao Imperador Pio, por volta de 155. No item 67, ao tratar da Liturgia dominical, o padre apologista orientava que "por tudo o que comemos, bendizemos sempre ao Criador de todas as coisas por meio de seu Filho Jesus Cristo e do Espírito Santo'" (Roma, 1995, p. 83).

5 Na *Tradição Apostólica*, obra atribuída a Hipólito de Roma, consta excerto que trata da oração para ordenação presbiterial: invocando "Deus e Pai de Nosso Senhor Jesus Cristo, baixa o olhar sobre este teu servo e comunica-lhe o Espírito da graça e do conselho do *presbyterium* [...]. E agora, Senhor, prodigalizando-nos o Espírito da tua graça, conserva-o imorredouro em nós e torna-nos dignos de servir-te na simplicidade do coração, louvando-te por teu Filho Jesus Cristo, pelo qual a ti a glória e o poder – ao Pai e ao Filho, com o Espírito Santo, na santa Igreja agora e pelos séculos dos séculos. Amém" (Tradição..., 1971, p. 43).

o que demandou a formulação de sua doutrina mediante análises teológicas e definições dogmáticas, sobretudo pela necessidade de transmissão das corretas razões à fé professada, evitando-se desvios decorrentes de errôneas colocação. Esse foi "o trabalho dos primeiros concílios, ajudados pelo trabalho teológico dos Padres da Igreja e sustentados pelo sentido da fé do povo cristão" (CIC, n. 250).

Depois de esclarecermos que o sentido da fé foi expresso pela experiência do anúncio da Trindade, tanto na regra de fé batismal quanto na celebração litúrgica, bem como na própria catequese e oração, devemos passar a analisar cada um dos concílios pertinentes à consolidação do dogma, assim como a contribuição dos Padres da Igreja, pois o esforço especulativo desenvolvido no combate às denominadas *heresias* resultou na consolidação das confissões de fé que até hoje professamos. Porém, antes precisamos identificar quais foram as heresias combatidas.

3.2 As heresias relacionadas à Trindade

Durante os primeiros séculos do cristianismo, a difusão de seu anúncio suscitou o empenho de vários intelectuais na interpretação do que fora escrito nos textos sinóticos, paulinos, joaninos e demais neotestamentários, em especial no tocante à Pessoa de Jesus e sua relação para com Deus. Muitos desses pensadores eram oriundos da própria Igreja e desenvolveram pensamentos com a melhor das intenções, apesar de o termo *herético* ter sido aplicado de maneira depreciativa ao longo do tempo

A palavra grega *heresia* significa "escolha"; sob tal perspectiva, uma vez que um ponto de vista nada mais é do que a vista de determinado ponto (o que pode configurar-se sob vários ângulos e perspectivas), podemos entender que, assim como aqueles que hoje são considerados heréticos o são porque assumiram a defesa de um ponto de vista para explicar a relação entre Deus e Jesus, também os defensores da opinião contrária realizaram uma escolha e, se hoje não são hoje considerados heréticos, é porque seus argumentos prevaleceram para a Igreja Católica. Dessa forma, talvez seja melhor dizer que tais heresias se constituíram em **controvérsias**.

Todavia, sob o olhar daquele que se opõe à heresia, afirma Oliveira (s.d., p. 46) que toda ela apresenta um núcleo de verdade cujo limite consiste, justamente, em absolutizar a parcela de verdade no âmbito da imparcialidade, consequentemente implicando uma fratura, uma laceração, no próprio corpo da Igreja, o que se carateriza como um elemento particularmente perigoso para sua vida e organização.

Portanto, uma das causas para a formulação da doutrina trinitária foi a necessidade de transmissão das corretas razões à fé professada, afastando-se os desvios oriundos de posicionamentos equivocados. Mas, afinal, que posicionamentos equivocados eram estes? Vejamos em detalhes na sequência.

3.2.1 Heresias pautadas no politeísmo

Clodovis Boff (2008) identifica heresias ou articulações equivocadas contra a unidade de Deus. Em oposição à profissão de fé cristã de que Jesus era o Filho de Deus, surgiram controvérsias que gravitavam em torno do politeísmo, admitindo-se a existência de mais de um Deus. Especificamente quando aplicada ao cristianismo, essa heresia apresenta a variação da existência de três Pessoas distintas entre si também na substância, revelando um **triteísmo**, heresia na qual cada uma das três Pessoas divinas teria uma substância distinta e independente em relação à substância das outras, caracterizando-se a existência de três deuses.

Segundo Kloppenburg (2001, p. 52-53), as origens dessa heresia remontam já ao século III, numa carta redigida pelo Papa Dionísio (+268) ao Bispo Dionísio de Alexandria, na qual enumera, entre os erros que devem ser evitados, aqueles que "anunciam em certo modo três deuses, dividindo a santa unidade em três hipóstases totalmente separadas, estranhas uma da outra". Posteriormente, Kloppenburg segue afirmando que o triteísmo ressurgiu no século VI, no contexto do monofisismo, com João Filópono (ou de Alexandria), combatido por São João Damasceno, e bem mais tarde com João Roscelino (+1125), cônego de Compiègne. Tais ideias foram, respectivamente, combatidas por Santo Anselmo de Cantuária e condenadas no Sínodo de Soissons, em 1096[6].

Uma variação da heresia politeísta adveio com Gilberto, Bispo de Poitiers (+1154), que defendeu o **tetrateísmo**, considerando a existência de quatro divindades em Deus, sendo uma para cada Pessoa e outra para o que denominava de *divina essência*. Essa heresia foi duramente criticada por São Bernardo e condenada no Concílio de Reims, em 1148 (Kloppenburg, 2001).

Vale destacar, por fim, a figura do monge cisterciense Joaquim de Fiore, que viveu no século XII na Calábria, sul da Itália, e que também sustentou o triteísmo, tendo suas ideias condenadas pelo IV Concílio de Latrão, em 1215.

3.2.2 Heresias pautadas no monoteísmo

Boff (2008) também aponta heresias ou articulações equivocadas contra a trindade de Pessoas, caracterizando-se como formas erradas de monoteísmo. A doutrina aceita pela Igreja reside na crença na

---

6 Apesar de o frei ter indicado 1092 como o ano de realização do Sínodo, o evento ocorreu em 1121.

existência de um único Deus, em três Pessoas distintas, numa mesma natureza divina. No entanto, diversos pensadores negaram a existência de três Pessoas em Deus, sustentando haver um único, não distinto em três, mas apenas manifestado de modos diferentes, ora como Pai, ora como Filho, ora como Espírito Santo.

A essa linha herética, que surgiu em Roma, no século II, podemos chamar de **modalismo**, que, por sua vez, apresentou variações. Por volta de 180, Noeto de Esmirna defendia que Deus Pai era o próprio Jesus encarnado, morto e ressuscitado, daí a denominação **patripassianismo**, numa referência ao sofrimento do próprio Pai na cruz. No mesmo período, despontou o **monarquianismo** com a figura de Práxeas, que proclamou a manutenção da monarquia de Deus (daí decorre o nome desta heresia) de duas formas: primeiro negando a divindade de Cristo e depois identificando Deus como Pai, de modo a eliminar qualquer distinção entre ambos, para haver um único Deus, numa única Pessoa que seria o Pai (unidade e unicidade), ao qual seriam imputados outros nomes e atribuições diferentes, conforme a necessidade.

Posteriormente, sobreveio o **modalismo propriamente dito**, por meio de Sabélio, para quem o Pai, o Filho e o Espírito Santo nada mais eram do que os vários modos pelos quais Deus se manifestava, sem que houvesse qualquer distinção como Pessoas. Conforme a explicação de Oliveira (2017, p. 17), Deus teria uma única substância, mas três modos de operação (criador para o Pai, salvador para o Filho e santificador para o Espírito Santo). As variações da heresia defendida por esses modalistas foram combatidas por Tertuliano (160-220)[7], a quem se tributa a inauguração da literatura cristã em língua latina e do qual proveio a expressão *"una substantia, tres personae"*, traduzida

---

7 Bento XVI considera imprecisas as datas de nascimento e morte (Bento XVI, 2010, p. 46). Por sua vez, Hamman (2002, p. 71) estipula por volta de 155-212.

como "uma substância em três Pessoas"[8]. Depois, a heresia foi definitivamente superada pelas confissões de fé dos concílios de Niceia e Constantinopla, respectivamente realizados em 325 e 381[9].

O desenvolvimento dessas controvérsias entre os séculos II e III desaguaram no surgimento de outra heresia monoteísta, que também defendia a existência de um único Deus, não distinto em três Pessoas, mas reconhecia a grandeza especial de Jesus como Filho, porém subordinado ao Pai, que lhe seria superior, daí a denominação, atribuída por alguns, de **subordinacionismo**, cujas máximas expressões são encontradas no adocionismo (no século III) e no arianismo (já no início do século IV).

O **adocionismo** surgiu em Antioquia da Síria, com Paulo de Samósata, que negava a divindade de Jesus e sua união hipostática com Deus, ao sustentar que "Jesus, mero homem, é elevado ou adotado pela força da *dynamis* divina e, como resultado desta elevação, fazia milagres e realizava obras divinas" (Kloppenburg, 2001, p. 48), disso resultando o fato de os adeptos da heresia serem denominados de *dinamistas*. Já o **arianismo** concebia Jesus como mera criatura de Deus, certamente a mais perfeita de todas, mas, ainda assim, simples criatura. A denominação da heresia deriva do próprio nome de seu autor, o presbítero Ario, de Alexandria (Egito), que, mesmo excomungado no Sínodo de 320, prosseguiu divulgando suas ideias no Oriente, as quais serviram de mola propulsora para a convocação do Concílio Ecumênico de Niceia, em 325, como veremos adiante.

---

8 Além das palavras *substância, natureza e pessoa*, segundo Leonardo Boff (1987, p. 70-80), a Tertuliano também se atribui o emprego do vocábulo *Trinitas* (Trindade).

9 Veremos adiante que Santo Agostinho também refutou essa heresia, tornando clássica a afirmação de que em Deus não há três modalidades diferentes de uma única divindade, mas uma única essência em três Pessoas. Para ele, Deus é uma só essência que subsiste sob a forma da relação entre as três divinas Pessoas (Agostinho, 1994, p. 186-187).

3.3 Expediente utilizado para a formação do dogma trinitário

Na Seção 3.1, mencionamos o caminho percorrido para a formulação do dogma trinitário e adiante, na Seção 3.2, elencamos as heresias desenvolvidas ao longo da história do cristianismo primitivo; o combate a elas será tratado ao longo da Seção 3.4 e suas subseções. Antes, porém, de abordarmos o pronunciamento do Magistério da Igreja nos concílios ecumênicos que incorporaram as teses de defesa contra as articulações equivocadas, devemos fazer uma advertência muito importante para toda a compreensão do estudo apresentado neste capítulo.

Tendo em vista a extensão infinita do mistério que buscamos analisar, temos de deixar muito claro que os grandes responsáveis pelo desenvolvimento da Doutrina da Trindade precisaram fazer uso de um recurso relevante para que esse propósito fosse atingido. O ponto de partida é nunca esquecer que, originalmente, a língua cristã oficial foi o grego, idioma que era falado em quase todo o Império Romano. O Evangelho chegou a Roma, nos séculos II e III, em grego, e foi nesse idioma que Hipólito e Justino escreveram para os cristãos romanos, que também celebravam a Liturgia em grego, mas, paulatinamente, passaram a celebrar o culto em latim. Segundo Dupuis (2004, p. 109-110),

> No entanto, é errado pensar que a cultura do mundo helenista tenha proporcionado termos acabados, aptos a exprimir o sentido do mistério cristológico ou da Trindade. Na verdade, o vocabulário em uso permanecia em seu significado, tendo sido empregado livremente em várias direções. A filosofia grega e a helenista jamais distinguiram, claramente, natureza e pessoa, distinção que tanto o mistério trinitário quanto o cristológico tornam necessária para a reflexão dos Santos Padres. Consequentemente, nenhum vocábulo

está desprovido de ambiguidade, quando aplicado a um conceito distinto do outro. Chega-se ao auge da confusão no caso da palavra grega *hypostasis*. Em tradução literal para o latim é *substantia*. Mas esse termo era usado em sentidos diferentes entre gregos e latinos. Assim, por exemplo, falando do mistério trinitário, os gregos referiam-se a *treis hypostasis* em Deus, ou seja, às três "pessoas", ao passo que os latinos falavam de uma *substantia*, aludindo à natureza divina. Surgiram, pois, mal-entendidos dos dois lados: os latinos acusavam os gregos de "triteísmo" e estes, por seu turno, acusavam os latinos de "modalismo".

A partir disso, certas peculiaridades da Revelação cristã, aliadas à necessidade de se formularem proposições da fé, obrigaram à criação de uma linguagem de conteúdo cristão específico, tanto no grego quanto no latim. Como consequência, alguns termos gregos adquiriram significação própria na linguagem cristã, assim como muitos termos gregos foram latinizados, além de terem sido desenvolvidos vocábulos cristãos próprios[10].

Além de indicarmos as etapas que antecederam a formulação do dogma trinitário, também devemos destacar a necessidade de a Igreja primitiva constituir uma terminologia própria, assentada em noções de origem filosófica que auxiliaram em tal elaboração, como *substância*, *pessoa* ou *hipóstase, relação*, entre outros[11]. Logo, "ao fazer isto, a Igreja não sujeitou a fé a uma sabedoria humana, mas deu um sentido novo, inédito, a estes termos, chamados a exprimir também, desde então, um mistério inefável" (CIC, n. 251).

---

10 Entre os termos que pertencem à linguagem cristã, com significação própria, podemos mencionar, entre outros: *agape, ekklesia, hypóstasis, logos, ousía*. Quanto aos termos cristãos próprios do latim, podemos citar, entre outros: *gratia, caritas, persona, substantia, trinitas*.

11 "A Igreja utiliza o termo 'substância' (às vezes também traduzido por 'essência' ou 'natureza') para designar o ser divino na sua unidade; o termo 'pessoa' ou 'hipóstase' para designar o Pai, o Filho e o Espírito Santo na distinção real entre Si; e o termo 'relação' para designar o fato de que a sua distinção reside na referência recíproca de uns aos outros" (CIC, n. 252).

Feitos os esclarecimentos necessários, que serão retomados com constância deste ponto em diante, podemos iniciar o estudo dos pronunciamentos do Magistério da Igreja, a partir do embate realizado entre os hereges e seus opositores, para a construção do dogma trinitário.

3.4 Concílios ecumênicos: texto e contexto

No Capítulo 1, mencionamos que a Doutrina da Trindade foi assentada nos concílios ecumênicos de Niceia, em 325, e de Constantinopla, em 381 (CIC, n. 242, 245). Nesta seção e nas seguintes, vamos detalhar cada um desses concílios, bem como destacar outros referidos pelo Catecismo da Igreja Católica, mas que não foram anteriormente abordados, notadamente o XI Concílio de Toledo (675) e o Concílio de Florença (1431-1447), pois ambos trataram da procedência do Espírito Santo, ponto importante na formulação do dogma da Trindade.

Cabe ressaltar que, para bem entender de que modo a Trindade foi historicamente consolidada como dogma nesses concílios, não basta estudá-los sob a perspectiva de seu texto, sendo preciso examinar o contexto em que ocorreram, aspecto que suscita a análise de seus antecedentes e de seus protagonistas.

3.4.1 Texto e contexto do Concílio de Niceia

Na Seção 3.2.2, asseveramos que as heresias do modalismo e do arianismo foram condenadas pelo Concílio de Niceia, porém não sem um intenso debate prévio, o qual envolveu pensamentos que afirmavam e negavam a natureza divina de Jesus Cristo, como Filho de Deus Pai, a ele consubstancial. Como ponto de partida, o presbítero alexandrino Ário negava a divindade do Filho, que, para ele, não participaria da mesma natureza do Pai, sendo-lhe subordinado pela condição de criatura. Assim escreveu ele, de acordo com Kloppenburg, (2001, p. 50): "nós reconhecemos, só Deus e somente Ele é ingênito, somente Ele é eterno, único e verdadeiro, o Deus da Lei, dos Profetas e do Novo Testamento, que engendrou seu Filho antes do tempo e dos séculos".

Ainda segundo o autor, o termo *engendrado* foi utilizado como sinônimo de *criado* e, desse modo, haveria apenas um único incriado, que seria Deus Pai, refutando-se que o Filho igualmente assim o fosse. Como decorrência do pensamento herege, o Pai seria anterior ao Verbo, e haveria um tempo em que o *Logos* não existia. O Verbo apenas teria passado a existir com sua criação pelo Pai, fora do tempo, com a finalidade de servi-lo como instrumento para criar todas as outras coisas. Com isso, apenas o Filho seria a única criatura do Pai, aí residindo sua dignidade superior a todos, mas sem a implicação de ser consubstancial Àquele.

Como contraponto a essa discussão, sobressaiu a figura de Santo Atanásio de Alexandria (?-373)[12], que, praticamente, dedicou toda a sua atividade literária ao vigoroso combate à heresia ariana. O empenho de Atanásio em rebater a heresia ariana tinha uma razão de ser, uma vez que, relata o Papa Bento XVI[13], a obra doutrinal mais famosa desse santo bispo alexandrino é o tratado *A encarnação do Verbo*, ponto focal de sua teologia, no qual defende que foi mediante o evento da encarnação que Deus se fez acessível à humanidade como Emanuel (Deus conosco). Justamente por isso, segundo o pontífice, o arianismo ameaçava o pensamento de Santo Atanásio, pois, se fosse verdade que

---

12 Segundo a tradição, Atanásio teria sido consagrado bispo aos 33 anos de idade, o que leva à conclusão de que teria nascido em 295. Mais recentemente, alguns autores consideram que ele não teria atingido o episcopado antes dos 30 anos, cogitando-se, pois, que seu nascimento teria ocorrido por volta do ano 300.

13 Durante a Audiência geral realizada em 20 de junho de 2007, na Sala Paulo VI.

"o Logos não é verdadeiro Deus, mas um Deus criado, um ser 'intermediário' entre Deus e o homem" (Bento XVI, 2010, p. 61-65), o verdadeiro Deus permaneceria inacessível a nós.

Desse modo, Atanásio compreendia que a prevalência do pensamento de Ário, de negação da divindade do Filho, colocava em xeque o significado salvífico da encarnação, pois comprometeria radicalmente a verdadeira salvação da humanidade em Jesus Cristo, já que se reconheceria, então, que não houve a redenção de nossos pecados[14]. Para melhor elucidarmos a importância do desenvolvimento da teologia anastasiana, reportamo-nos ao pensamento de Dupuis (2004, p. 116-117):

> não fosse ele nem verdadeiro homem nem verdadeiro Deus [...], não seria capaz de trazer a salvação ou a humanidade não encontraria nele a salvação. [...] Para tornar os homens partícipes da filiação divina de Jesus Cristo, era mister que o Filho encarnado fosse realmente homem e realmente Deus, isto é, o 'mediador' que une em sua pessoa a humanidade e a divindade, e não apenas um ser 'intermediário', que não é nem uma coisa nem outra.

Ao examinarmos tais posições ambíguas, é possível constatar, em suma, que a convocação do Concílio de Niceia por parte do Imperador Constantino ocorreu: (i) no contexto da escola alexandrina de

---

14 Segundo Lorenzen (2002, p. 19-20), já no século II, Santo Irineu havia desenvolvido uma descrição alternativa da salvação, que foi adotada por Santo Atanásio no embate ariano. Aquele padre partiu da narrativa sinótica da transfiguração de Jesus, para afirmar que Deus se fez homem para que os homens pudessem se tornar Deus, o que apenas foi possível na encarnação de Jesus. Nela as naturezas divina e humana foram unidas, permitindo a transfiguração da natureza humana e a revelação da natureza divina de Jesus. Por consequência, Jesus é divino por natureza, ao passo que nós nos tornamos divinos pela graça. Nessa ordem de ideias, Atanásio ponderou que a salvação exigia que Deus se unisse à humanidade, para transformar o não-divino em divino, mediante a graça. Concluindo o raciocínio anastasiano, essa participação do divino no humano garantia a salvação, daí porque, para assegurar a salvação, Cristo deveria ser divino por natureza, sendo o Filho da mesma essência do Pai, o que asseguraria a realização salvífica. Tudo isso servia para rebater o pensamento de Ário, que, desse modo, encontrava dificuldade em demonstrar que o Filho operava a salvação da humanidade.

cristologia[15]; (ii) a partir da posição de Ário, o qual negava que o Filho de Deus tivesse a mesma natureza do Pai; (iii) com a contraposição à heresia ariana apresentada pelo diácono alexandrino Santo Atanásio, para quem o Verbo é da mesma substância divina do Pai, por Ele eternamente gerado e não criado; (iv) sob o resultado da admissão da tese anastasiana pelos bispos reunidos naquele concílio[16], que redigiram e instituíram o seguinte símbolo da fé em resposta à condenada heresia ariana:

> Cremos em um só Deus, Pai todo-poderoso, criador de todas as coisas visíveis e invisíveis.
>
> E em um só Senhor Jesus Cristo, Filho de Deus, gerado unigênito do Pai, isto é, da substância do Pai, Deus de Deus, luz de luz, Deus verdadeiro de Deus verdadeiro, engendrado, não criado, consubstancial [*homooúsios*] ao Pai, por quem tudo foi feito, o que está no céu e o que está na terra; quem por nós homens e por nossa salvação desceu e se encarnou, se fez homem, padeceu e ressuscitou ao terceiro dia, subiu aos céus, virá para julgar os vivos e os mortos.
>
> E no Espírito Santo.
>
> E os que dizem: "Alguma vez [o Verbo] não existia", e "não existia antes de ser engendrado" e "foi feito do nada" ou afirmam que o Filho de Deus é de outra hipóstase ou essência, ou criado, ou mutável ou alterável, os anatematiza a Igreja Católica e Apostólica. (Símbolo de Niceia, DH 125, p. 51)

---

15 A escola de tradição alexandrina desenvolveu uma reflexão pós-bíblica de cristologia *logos-sarx*, de cunho ontológico, direcionado do alto para baixo (descendente), culminando na encarnação descrita no prólogo do Evangelho joanino, que parte da união na divindade do Filho de Deus com o Pai, daí seguindo para a afirmação da verdadeira humanidade por Ele assumida naquele mistério. Contrapunha-se a essa corrente de pensamento o movimento cristológico de baixo para o alto (ascendente), do primitivo querigma apostólico, encampado pela tradição antioquena sob a antropologia *logos-anthropus*, ou do *homo assumptus*, que partia da realidade humana de Jesus para alçar sua divindade como Filho de Deus, no culminante evento da ressureição.

16 Cerca de trezentos bispos atenderam à convocação do Imperador Constantino, permanecendo reunidos em seu palácio de veraneio em Niceia, na Bitínia (atual Turquia), no período de 25 de maio a 28 de agosto de 325, sob a presidência de Óssio, bispo de Córdova, na Espanha.

O concílio fez emergir o termo grego *homooúsios* (em latim, *consubstantialis*), afirmando que o Filho é da mesma substância do Pai, a ele consubstancial, assim manifestando, em duas oportunidades no texto, a plena divindade do Filho, negada pelos arianos. Ainda, conforme Dupuis (2004, p. 116), esse termo foi decisivo para definir que "o Filho de Deus é tão divino quanto o Pai e igual a ele em divindade". Outrossim, o Concílio Niceno atestou que o Filho foi gerado do Pai, não criado, refutando a tese ariana.

É importante observarmos que, no Credo Niceno, considerado como a primeira definição dogmática solene do Magistério da Igreja, o Espírito Santo é apenas referido, sem maiores explicações, o que apenas seria feito por ocasião do Concílio de Constantinopla, que analisaremos na sequência, não sem antes fazermos uma breve incursão na controvérsia ariana, que, mesmo com o encerramento de Niceia, persistiu e perdurou por algumas décadas.

3.4.2 Desfecho do Concílio de Niceia

Como vimos, as heresias do modalismo e do arianismo foram condenadas pelo Concílio de Niceia. Em que pese Santo Atanásio ser considerado o grande protagonista desse concílio, outros padres da Igreja que o precederam igualmente desenvolveram esforço especulativo para defender a existência de um único Deus em três Pessoas distintas, porém com unicidade de substância. Nesse sentido, aproveitando a lição de Oliveira (2017, p. 45), citamos Santo Irineu (+202), que, em sua obra *Adversus haereses* (*Contra os hereges*), apresentou o embrião da ideia de que o Pai é incriado, o Verbo é gerado, e não criado, e o Espírito é quem falou aos profetas, assim distinguindo os três divinos na totalidade de seu pensamento, ainda que sem rigor.

Também já vimos que o modalismo foi combatido pela reflexão do latino Tertuliano (160-220), que associou o conceito de substância com a unidade de Deus, vinculando o conceito de pessoa à Trindade de Pai, Filho e Espírito Santo. Quanto ao Oriente, não podemos esquecer a contribuição de Orígenes (185-254), primeiro a empregar o termo grego *hypostasis* em relação ao mistério trinitário, com o significado de "pessoa", para então distinguir os três divinos. Todavia, Werbick (2001, p. 442) pondera que Orígenes não obteve sucesso em esclarecer como a unidade das três hipóstases divinas deveria ser compreendida sem que houvesse subordinação entre elas[17].

Portanto, apesar do esforço de Atanásio para combater o arianismo, a leitura do símbolo permite identificar que alguns pontos ali não foram esclarecidos por conta da insuficiência da terminologia disponível, uma vez que o concílio empregou os termos *ousía* (essência) e *hypóstasis* (pessoa) como sinônimos, sem qualquer diferenciação terminológica. Assim, embora o Concílio de Niceia tenha claramente afirmado e reafirmado que o Filho é da mesma substância do Pai, isso não significou a solução definitiva da controvérsia ariana, que ainda perdurou por décadas.

Para compreender por que isso ocorreu, é preciso retomar a leitura do símbolo e verificar que o texto não esclarecia totalmente a relação entre o Pai e o Filho sob o ponto de vista da distinção entre as Pessoas. Por outro lado, uma vez que o enunciado niceno fora muito lacônico em relação ao Espírito Santo, apenas lhe fazendo menção, sem maiores considerações, isso fez despontar questionamentos e inquietações no tocante à divindade da terceira Pessoa. As dúvidas foram lançadas por Macedônio, bispo de Constantinopla, e seus adeptos macedonianos

---

17 Kloppenburg (2001) também considera que a posição de Orígenes em relação à processão do Espírito Santo é pouco clara. Ele chegou a introduzir, no preâmbulo de sua obra, princípios sobre a necessidade de aprofundamento dessas questões pneumatológicas, visto que "não é claramente precisado se o Espírito Santo é gerado ou não; se também ele deve ser considerado filho de Deus ou não" (Kloppenburg, 2001, p. 43).

ou mesmo pneumatômacos, que resgataram a condenada doutrina de Ário, agora em relação à terceira Pessoa da Trindade. Entretanto, a controvérsia, nesse momento, aludia não apenas à negação da divindade do Espírito Santo, pois, insatisfeitos com o resultado de Niceia, os semiarianos insistiam que o Filho não seria então *homooúsios* ao Pai, mas *homoioúsios*, ou seja, semelhante, mas não igual em substância.

Quanto às inquietações, vale destacar Serapião, bispo de Thmuis, no Egito, que relata a Atanásio o levantamento da tese, em sua comunidade, segundo a qual Espírito Santo seria mera criatura, assim como ocorrera em relação a Jesus. Desse modo, uma vez impugnada a divindade do Espírito Santo ao final do século IV, surgiu a necessidade de enfrentar a questão, valendo novamente destacar o empenho de Santo Atanásio, que iniciou um esforço especulativo por meio das quatro cartas que enviou em resposta à inquietação serapiana, entre 359 e 360, nas quais claramente desenvolve sua doutrina sobre a terceira Pessoa da Trindade, afirmando-a como Pessoa divina[18].

No ano de 363, foi realizado o Sínodo de Alexandria, no qual já se destacou a temática do Espírito Santo, pois Atanásio conseguiu a aprovação de uma fórmula que afirmava o Espírito Santo como "idêntico com a substância do Pai e do Filho e dela inseparável". Então, segundo Lorenzen (2002, p. 21), Atanásio ainda propõe nesse sínodo a fórmula "três hipóstases", que somente seria legítima se a expressão não fosse concebida sob o significado de "três essências" (*ousías*), mas, aqui também citando Kelly (1972, p. 254, tradução nossa), "simplesmente expressasse a subsistência separada das três pessoas da Tríade consubstancial (*homooúsion*)".

---

18 Segundo Kloppenburg (2001, p. 18), pertence a Santo Atanásio, oficialmente, um texto utilizado durante a solenidade da Santíssima Trindade, celebrada no primeiro domingo após o Pentecostes, encontrado na Liturgia das Horas, o qual reproduzimos no Anexo 1. Há outro texto que foi a ele atribuído antigamente, hoje não mais, denominado *Quicumque* (Anexo 2), do qual trataremos adiante.

Pouco tempo depois desse sínodo, ocorreu a divisão do Império Romano. O lado ocidental manteve a posição de *homooúsion*; o lado oriental, por sua vez, continuou enfrentando os arianos e o imperador que os apoiava. Foi então que, para além de Santo Atanásio, surgiram outras três contribuições decisivas para o deslinde dessas questões ainda pendentes desde o Concílio de Niceia, contribuições estas que serão apresentadas na sequência.

3.4.3 Padres Capadócios

A contribuição para o desenvolvimento da Doutrina da Trindade é proveniente da Capadócia, áspera região interna da Ásia Menor, hoje território da Turquia, de onde despontaram Basílio de Cesareia, Gregório de Nazianzo e Gregório de Nissa.

Os Padres Capadócios são considerados os três lumiares da Igreja grega no século IV e, juntamente com Santo Atanásio, reagiram fortemente contra as controvérsias em relação ao Espírito Santo, reivindicando sua divindade, a eles sendo tributada a pertinente exposição da doutrina sobre a terceira Pessoa da Santíssima Trindade, haja vista que cada um deles consagrou escrito (tratado ou discurso) pertinente à matéria. Outrossim, partindo da unidade da natureza divina, os Capadócios definem a peculiaridade de cada Pessoa divina: o Pai, Ingênito, fonte de toda a divindade; o Filho, gerado eternamente pelo Pai; e o Espírito, procedente do Pai através do Filho.

Analisemos, doravante, as contribuições de cada um dos Capadócios.

Basílio de Cesareia

A maior contribuição para a correta doutrina sobre o Espírito Santo provém de Basílio de Cesareia (329-379), que, antes mesmo de redigir seu tratado específico, endereçou carta a Máximo, na qual demonstrou compreender a relevância do termo *homooúsion* no combate ao arianismo. Para tanto, ilustrou seu argumento por meio de duas moedas cunhadas em cobre, concluindo sobre a existência do cobre nas duas peças metálicas (Basil, 1895c). Em outra carta, Basílio explicou que a intenção de Niceia foi expressar a ideia de que "o que quer que o Pai seja, o Filho também é em idêntica medida" (Basil, 1895d, p. 155-156).

Basílio também compreendia que o termo *homooúsion* podia perfeitamente servir para rebater o erro sabeliano, pois apenas havia sentido falar em igualdade de substância na unidade diante da distinção nela existente, considerando-se que os distintos não podem ser comparados, já que não faz sentido dizer que uma coisa é igual em substância a ela mesma. Daí porque, afirma Lorenzen (2002, p. 23), para a tradição oriental, "ser distinto não implica ser separado", preservando-se, assim, a unidade de Deus.

Para refutar o argumento sabeliano, Basílio também se valia da clara distinção que os gregos faziam entre os termos *ousía* e *hypóstasis*, diferentemente do que propunham os latinos. No latim, a palavra grega *hypóstasis* não tinha equivalente, sendo então considerada como sinônimo da outra palavra grega, *ousía*, ambas traduzidas como *substantia*. Portanto, para designar a distinção entre as Pessoas da Trindade, o latim não usava o termo *hypóstasis*, mas o termo *persona*, que era traduzido literalmente para o grego como *prósopon*. Todavia, Basílio ainda preferia o termo *hipóstase*, não aceitando o termo latino, que designava a máscara usada pelos atores no teatro, pois seu uso podia incidir no erro do sabelianismo, no qual a distinção das Pessoas era apenas uma expressão das diversas partes representadas pela mesma e única Pessoa divina.

De acordo com Werbick (2001), Basílio foi o primeiro a estabelecer a diferença entre a *ousía* (respectivamente à *physis*, o comum) e as três hipóstases divinas individualizadas. Corroborando essa afirmação, podemos nos valer de outra carta, desta vez dirigida a Gregório de Nissa, seu irmão consanguíneo (capadócio que abordaremos posteriormente), na qual Basílio expõe as confusões decorrentes da diferença linguística entre o grego e o latim, claramente relacionando o termo grego *ousía* à substância comum às três Pessoas, sendo que a palavra *hypóstasis* diria respeito a cada uma das três Pessoas em particular (Basil, 1895e).

O problema cristológico (Filho *homooúsios* ao Pai), então desenvolvido no Concílio de Niceia, acabou sendo estendido para o Espírito Santo. Na esteira do raciocínio niceno da consubstancialidade do Filho em relação ao Pai, no que diz respeito ao Espírito Santo, Basílio também o afirmou como tal (Lorenzen, 2002, p. 26), assim pronunciando:

> Devemos, portanto, confessar a fé agregando o que é particular ao que é comum. A divindade é comum; a paternidade é particular. Devemos, então, reunir esses conceitos e dizer: "Creio em Deus Pai". É preciso fazer a mesma coisa na confissão do Filho, unir o que é particular ao que é comum e dizer, "Creio em Deus Filho". E do mesmo modo, no caso do Espírito Santo, devemos conformar essas palavras à sequência lógica das ideias que exprimimos e dizer, "Creio em Deus Espírito Santo". (Basil, 1895a, p. 278)

Se, por um lado, Basílio argumentou sobre a mesma essência do Espírito Santo em relação ao Pai e ao Filho, por outro, em seu *Tratado sobre o Espírito Santo*, redigido entre 374 e 375, abordou a distinção das Pessoas divinas em suas particularidades:

> não dizemos que o Espírito Santo é não gerado, pois só reconhecemos um único Não Gerado e uma única Origem de todas as coisas, o Pai de nosso Senhor Jesus Cristo; também não dizemos que o Espírito Santo é gerado, pois a tradição da fé nos ensinou que só

há um Único gerado; e ainda, pela mesma tradição, aprendemos que o Espírito de verdade procede do Pai e professamos que ele é de Deus sem ter sido criado. (Basil, 1895b, p. 194)

A leitura dos discursos de Basílio evidencia uma menor reserva em formalmente declarar o Espírito Santo consubstancial ao Pai e ao Filho. Contudo, especificamente no tratado mencionado, Basílio tece as bases de sua doutrina, demonstrando a divindade do Espírito Santo, que "também é um, e também pode ser anunciado separadamente. Por meio do Filho que é um, ele se religa ao Pai, que também é um, e por si completa a Trindade bem-aventurada, digna de todo louvor" (Cesareia, 1998, p. 67).

Ainda procedendo à leitura dessa obra específica sobre a terceira Pessoa da Trindade, Werbick (2001) destaca que o Espírito Santo não é tratado por Basílio como criatura, tampouco como servo do Filho, mas é afirmado Santo por natureza, como o Filho e o Pai, sendo digno de honra assim como ambos o são, não sendo ingerado ou gerado, mas procedente do Pai, sendo essa processão um mistério divino.

Gregório de Nazianzo

Em um de seus discursos, São Gregório de Nazianzo (329-390) responde, de modo afirmativo, que o Espírito Santo é verdadeiramente Deus, exatamente consubstancial, porque Ele é absolutamente Deus (Gregório de Nazianzo, 1984, p. 98). Entretanto, além de reivindicar a divindade do Espírito Santo, por meio da consubstancialidade deste ao Pai e ao Filho, o capadócio também se esforçou em descrever as relações internas entre as Pessoas da Trindade, afirmando que o Espírito Santo se distingue pela processão, sendo-lhe próprio ser procedente e enviado do Pai, ao passo que a propriedade deste é ser ingerado e a do Filho é ser gerado.

O termo *processão*, embora tenha sido empregado antes por Basílio, é avocado por Nazianzo como de sua autoria, o que explica, em outro de seus discursos, a afirmação de que "o Espírito Santo é verdadeiramente Espírito, saindo do Pai, de fato, mas não é do mesmo modo que o Filho, pois ele não é por geração, mas por processão (visto que preciso cunhar uma palavra para maior clareza)" (Gregório de Nazianzo, 1984, p. 356). Segundo a lição que nos é trazida por Lorenzen (2002, p. 32), a escolha desse termo por parte do capadócio decorre da seguinte fala de Jesus aos apóstolos: "quando vier o Paráclito, que vos enviarei de junto do Pai, o Espírito Santo da verdade, que procede do Pai, ele dará testemunho de mim" (Jo 15,26). Para a referida autora, dizer que o Espírito Santo procede do Pai encerra o debate no Oriente, mas não é suficiente para seu desfecho no Ocidente, que alargará a processão ao considerar que, além do Pai, o Espírito também procede do Filho, questão que analisaremos adiante.

Vale destacar, por fim, que, para descrever tais relações internas entre as Pessoas da Trindade, Gregório de Nazianzo envidou esforços para o desenvolvimento de uma linguagem que não fosse restrita à tradição grega, mas que também incluísse a Igreja ocidental. Por tal empenho, a ele tributamos uma clarificação terminológica, ao admitir a introdução do termo latino *persona* (o qual já vimos que era traduzido para o grego como *prósopon*), equiparando-o à semântica de *hipóstase*, expediente que Basílio, aliás, relutou em adotar.

Gregório de Nissa

O capadócio Gregório de Nissa (?-394) bem assimilou, na carta que lhe foi dirigida pelo irmão Basílio, a distinção entre *ousía* (natureza), como essência comum às três Pessoas, e *hypóstasis*, referente àquilo que é particular em cada uma; aí reside sua grande contribuição para o desenvolvimento da Doutrina da Trindade. Ele encontrou a linguagem adequada para expressar com clareza o dogma trinitário que seria aprovado no Credo de Constantinopla, definindo-se dois termos: unidade da natureza divina (*ousía*) e trindade das Pessoas (*hypóstasis*).

Outrossim, em seu tratado *Sobre o Espírito Santo*, o capadócio argumenta sobre a impossibilidade de hierarquia no seio da Trindade, afirmando expressamente: "professamos que o Espírito Santo ocupa a mesma posição que o Pai e o Filho, de modo que não há diferença entre eles em nada que se pense ou nomeie, que a devoção possa atribuir a uma natureza divina" (Nyssa, 1893a, p. 315-325). Gregório de Nissa declara, ainda, que a Trindade sempre opera em conjunto, nunca separadamente, mesmo que cada Pessoa tenha uma função específica, pois se trata de um único Deus, novamente destacando a consubstancialidade existente[19].

Lorenzen (2002, p. 31) aponta que a relevante contribuição de Gregório de Nissa residiu na indicação do Espírito Santo como doador de vida, destacando, todavia, que o capadócio não utilizou o termo *procede*, como fez Basílio e Gregório de Nazianzo. Dessa opinião diverge Kloppenburg (2001, p. 77), para quem a processão do Filho e do Espírito Santo recebe dele a fórmula que a teologia grega consagrará como definitiva, sendo imediata a do Filho e do Pai e mediata a do Espírito Santo, por meio do Filho. Na mesma esteira desse raciocínio, Werbick (2001, p. 443) considera que esse capadócio foi "o primeiro a diferenciar as relações originárias do Filho das do Espírito, descrevendo o Filho como diretamente procedente do Pai; o Espírito, porém, como procedente do Pai por meio do Filho".

Com isso, é possível afirmar que Gregório de Nissa desenvolveu o sentido do termo *processão* com maior profundidade do que os outros capadócios.

---

19 "Assim a identidade de operação no Pai, no Filho e no Espírito Santo mostra claramente o caráter indistinguível da sua substância (*ousía*)" (Nyssa, 1893a, p. 329-330).

3.4.4 Texto e contexto do Concílio de Constantinopla

Uma vez que o Concílio de Niceia não se aprofundou em considerações sobre o Espírito Santo, as controvérsias que seguiram em torno de sua divindade, além da insatisfação que alguns expressaram com a condenação da tese ariana, levaram, no mesmo século IV, à convocação de outro concílio, para consolidar decisivamente a Doutrina da Trindade. O novo concílio foi convocado pelo Imperador Teodósio e realizado no ano de 381, com a presença de aproximadamente 150 bispos ortodoxos e outros 36 macedonianos; estes, depois de constatarem o predomínio do pensamento daqueles, acabaram por abandonar a reunião antes de seu encerramento. A presidência do Concílio coube a Melécio de Antioquia, que faleceu no curso do evento, sendo substituído por Gregório de Nazianzo, que, tempos depois, renunciou em favor de Nectário de Constantinopla.

Buscando responder às heresias que justificaram sua convocação, o Concílio de Constantinopla sentenciou o seguinte Credo:

> Creio em um só Deus, Pai todo-poderoso, Criador do Céu e da Terra, de todas as coisas visíveis e invisíveis. Creio em um só Senhor, Jesus Cristo, Filho Unigénito de Deus, nascido do Pai antes de todos os séculos: Deus de Deus, Luz da Luz, Deus verdadeiro de Deus verdadeiro; gerado, não criado, consubstancial ao Pai. Por Ele todas as coisas foram feitas. E por nós, homens, e para nossa salvação, desceu dos Céus: e encarnou pelo Espírito Santo, no seio da Virgem Maria, E se fez homem. Também por nós foi crucificado sob Pôncio Pilatos; padeceu e foi sepultado. Ressuscitou ao terceiro dia, conforme as Escrituras; e subiu aos Céus, onde está sentado à direita do Pai. E de novo há de vir em sua glória, para julgar os vivos e os mortos; e o seu Reino não terá fim. Creio no Espírito Santo, Senhor que dá a vida, e procede do Pai e do Filho;

e com o Pai e o Filho é adorado e glorificado: Ele que falou pelos profetas. Creio na Igreja una, santa, católica e apostólica. Professo um só batismo para remissão dos pecados. E espero a ressurreição dos mortos, e a vida do mundo que há de vir. Amém. (Símbolo de Constantinopla, DH 150, p. 66-67)

Indubitavelmente, as decisões adotadas pelo Concílio de Constantinopla são tributadas à doutrina defendida pelos três Padres Capadócios, que fervorosamente reivindicaram a divindade do Espírito Santo. Entretanto, para além dessa defesa, eles contribuíram decisivamente para melhor elucidar a reafirmada consubstancialidade entre o Pai e o Filho, aclarando as incompreensões quanto aos termos empregados na reflexão do mistério trinitário e decididamente influenciando o posterior *Quicumque*[20], que trata da unidade na Trindade e vice-versa. O trio capadócio também detalhou as relações estabelecidas entre as Pessoas trinitárias, que não tinham sido devidamente esclarecidas em Niceia, para declarar que o Filho é "Deus verdadeiro de Deus Verdadeiro, gerado, não criado, consubstancial ao Pai".

Como não podia deixar de ser, a grande novidade desse Credo diz respeito ao Espírito Santo, que, apesar de novamente constar em breve parágrafo, ficou caracterizado como "Senhor e doador de vida, que procede do Pai", sintetizando, assim, os pontos distintos apresentados na teologia, como se o emprego dos termos *senhorio, vivificador* e *procedência* fosse atribuído, cada qual, a um capadócio em particular.

---

20 Seguindo Denzinger (2007, p. 40-41), trata-se de um documento que remonta ao século V ou VI, sob a denominação latina *Quicumque* ("quem quiser que", em português), em cujo conteúdo encontramos a síntese dos pensamentos desenvolvidos nos cinco primeiros séculos do cristianismo quanto à Trindade e à encarnação, seja pelas afirmações dos concílios de Niceia (325), Constantinopla (381) e Calcedônia (451), seja pelo pensamento patrístico de Santo Atanásio, Basílio de Cesareia, Hilário de Poitiers, João Crisóstomo, Agostinho de Hipona, entre outros. Apesar de a autoria ser inicialmente atribuída a Santo Atanásio, daí porque ser denominado também de *Símbolo Anastasiano*, Boulenger (1927, p. 29) afirma que o referido Credo não consta dos escritos do Bispo de Alexandria, tendo sido composto provavelmente, no século VI, por Cesário, bispo de Arles, que tinha por hábito indicar o nome de um padre da Igreja no início de suas obras. De qualquer modo, é considerado como uma profissão de fé, assim como o Símbolo (ou Credo) dos Apóstolos e o Símbolo (ou Credo) Niceno-Constantinopolitano. Repetindo aqui Kloppenburg (2001, p. 18), podemos afirmar que pertence a Santo Atanásio, oficialmente, um texto utilizado durante a Solenidade da Santíssima Trindade, celebrada no primeiro domingo após o Pentecostes, encontrado na Liturgia das Horas, constante no Anexo 1 desta obra.

Por meio do termo *senhorio*, expressou-se a divindade da terceira Pessoa trinitária. Mediante a expressão "Ele é aquele que dá a vida", sua propriedade vivificadora tornou-se evidente. Pelo verbo procede, é possível identificar sua relação para com o Pai e o Filho. Quanto às relações estabelecidas entre as Pessoas consubstanciais, o Credo de Constantinopla definiu a paternidade como sendo exclusiva do Pai, pertencendo apenas ao Filho a filiação e somente ao Espírito Santo a espiração.

Uma vez que o Credo aprovado em Constantinopla repete o Credo de Niceia, porém com detalhamento quanto à Pessoa do Espírito Santo, cuja fé é solenemente proclamada até os dias atuais, assumimos a conjugação desses Credos em determinadas ocasiões litúrgicas, cujo texto apresentamos no Apêndice 1.

3.4.5 Sobre a *Filioque*

Examinados os concílios de Niceia e Constantinopla, ainda precisamos analisar alguns outros pronunciamentos do Magistério da Igreja, por meio dos quais se buscou consolidar aspectos relevantes do estudo sobre o mistério trinitário, que serão detalhados nos Capítulos 4 e 5. Porém, neste ponto, devemos enfrentar alguns temas específicos, ainda que superficialmente, a começar por *Filioque* ("e também do Filho", em latim), que representa a procedência pelo Pai e pelo Filho.

Sabe-se que "a origem eterna do Espírito Santo não está desligada da do Filho" (CIC, n. 245). Apesar disso, a leitura isolada do Credo de Constantinopla nos permite constatar que a afirmação de *Filioque* não constava ali, no Credo, pois o que ficou sentenciado foi a procedência do Espírito pelo Pai, mediante o Filho (CIC, n. 247). Isso se deve ao fato de que a Igreja grega, de tradição oriental, acentua a origem primeira do Pai em relação ao Espírito Santo, ao expressá-lo como "saído do Pai" (Jo 15,26), afirmando que Ele procede do Pai pelo Filho (CIC,

n. 248). Por sua vez, a Igreja latina, de tradição ocidental, sobreleva a comunhão consubstancial entre o Pai e o Filho, procedendo o Espírito Santo de ambos:

> "A tradição latina do Credo confessa que o Espírito 'procede do Pai e *do Filho* (Filioque)'" (CIC, n. 246, grifo do original).

Os latinos esclareceram a questão da *Filioque* no I Sínodo de Toledo, que ocorreu na Espanha, em 400, no qual se afirmou, de acordo com Denzinger (2007, p. 76), que o Espírito procede do Pai e do Filho por meio de uma fórmula que restou amplamente divulgada em toda a Igreja ocidental, em contradição com a Igreja oriental, segundo a qual o Espírito Santo procederia tão somente do Pai, por meio do Filho. Para Kloppenburg (2001, p. 81-82),

> "Existe também o espírito Paráclito, que não é nem o Pai nem o Filho, mas procede do Pai e do Filho. É, pois, ingênito o Pai, gerado o Filho, não engendrado o Paráclito, que procede do Pai e do Filho."

Em Roma, anteriormente à recepção do Credo de Constantinopla pelo Concílio da Calcedônia, em 451, o Papa São Leão Magno já confessara dogmaticamente a *Filioque* na Epístola *Quam laudabiliter*, no ano de 447 (CIC, n. 247). Em sequência cronológica, o III Concílio de Toledo, realizado em 589, também afirma a *Filioque*, ao sentenciar que "o Espírito Santo, professado e pregado por nós, procedendo do Pai e do Filho, possui idêntica substância e é a terceira Pessoa da Trindade, tendo como Pai e o Filho a mesma essência da divindade" (Kloppenburg, 2001, p. 82).

De acordo com a confissão professada no XI Concílio de Toledo, em 675, "O Espírito Santo, que é a terceira Pessoa da Trindade, é Deus, uno e igual ao Pai e ao Filho, da mesma substância e também da mesma natureza... Contudo, não dizemos que Ele é somente o Espírito do Pai, mas, ao mesmo tempo, o Espírito do Pai e do Filho" (CIC, n. 245). Portanto, não foi à toa que a fórmula da *Filioque* intercalada no Credo passou a ser incorporada na Liturgia latina entre os séculos VIII e IX (CIC, n. 247). Séculos mais tarde, o tema da *Filioque* ressurgiu no Concílio Ecumênico de Florença, realizado no período de 1431 a 1447, no qual houve a tentativa de formular um texto consensual entre bispos ocidentais e orientais que expressasse a procedência do Espírito Santo de ambos, Pai e Filho:

> O Espírito Santo [...] recebe a sua essência e o seu ser ao mesmo tempo do Pai e do Filho, e procede eternamente de um e do outro como dum só Princípio e por uma só espiração [...] E porque tudo o que é do Pai, o próprio Pai o deu ao seu Filho Unigénito, gerando-O, com exceção do seu ser Pai, esta mesma procedência do Espírito Santo, a partir do Filho, Ele a tem eternamente do seu Pai, que eternamente O gerou. (CIC, n. 246)

Todavia, a tentativa de consenso não obteve êxito, pois "a introdução do *Filioque* no Símbolo Niceno-Constantinopolitano pela liturgia latina constitui, ainda hoje, [...] um diferendo com as igrejas ortodoxas" (CIC, n. 247).

3.4.6 Sobre a Pericórese

Ainda precisamos examinar uma questão tratada pelos gregos sob o termo *perikóresis*, e que foi enfrentada pelo Magistério da Igreja por meio do decreto para os Jacobitas (Denzinger, 2007, p. 367), promulgado em 1432, no curso do já referido Concílio de Florença (1431 a 1447).

Podemos compreender a Pericórese trinitária como a interpenetração das três Pessoas divinas, naquilo que Susin (2003, p. 141-145) caracteriza como uma verdadeira "dança de roda", um entrelaçamento que serve de ponte entre a Unidade e a Trindade. Agostinho, de quem trataremos doravante, descreveu a Pericórese intratrinitária por meio da seguinte expressão: "cada uma das Pessoas divinas está em cada uma das outras, e todas em cada uma, e cada uma em todas estão em todas, e todas são somente um" (Agostinho, 1994, p. 231). Para bem ilustrarmos essa compenetração trinitária, recorremos ao Evangelho de João[21]:

> "Eu e o Pai somos um" (Jo 10,30).
>
> "o Pai está em mim e eu no Pai" (Jo 10,38).
>
> "Não credes que estou no Pai, e que o Pai está em mim? [...] Crede-me: estou no Pai, e o Pai em mim?" (Jo 14,10-11).
>
> "Que todos sejam um, assim como tu, Pai, estás em mim e eu em ti" (Jo 17,21).

Segundo Oliveira (2017, p. 52-53), o decreto para os Jacobitas contém uma afirmação que já fora desenvolvida por Santo Anselmo três séculos antes da realização do Concílio Florenciano, no sentido de que *"in Deo omnia sunt unum, ubi nom obviat relationis oppositio"*, o que pode ser traduzido como "Em Deus tudo é um, onde não o impede a oposição das relações" (Denzinger, 2007, p. 366-367). Buscando esclarecer a lição, Leonardo Boff (1987, p. 121-122) afirma tratar-se de uma

> coabitação, coexistência e compenetração das três pessoas divinas entre si. Há uma circulação total da vida e uma coigualdade perfeita entre as Pessoas, sem qualquer anterioridade ou superioridade de uma com relação à outra. Tudo nelas é comum e é comunidade entre si, menos aquilo que é impossível de comunicar: o que as distingue uma das outras.

---

21 Apesar de tais passagens não mencionarem a Pessoa do Espírito Santo, assim o fizeram os supracitados Concílio Florenciano e o XI Concílio Toledano.

Esse aspecto da doutrina trinitária afirma a totalidade de cada uma das Pessoas divinas na outra, cabendo novamente reproduzir o ensinamento de Santo Agostinho (1994, p. 231): "cada uma das Pessoas divinas está em cada uma das outras, e todas em cada uma, e cada uma em todas estão em todas, e todas são somente um".

Não obstante, conforme Kloppenburg (2001), o termo aqui sob análise surge pela primeira vez na teologia trinitária com São João Damasceno (+750), tendo sido traduzido como *circuminsessio*, no tempo da escolástica. Hodiernamente, a palavra é usada para explicar "a interpenetração ou entrelaçamento de uma Pessoa divina na outra e com a outra, indicando um processo de relacionamento vivo e eterno que as divinas Pessoas possuem intrinsicamente. É a eterna comunhão trinitária" (Kloppenburg, 2001, p. 84).

Vale lembrar, somente como adendo antes de continuarmos, que o Magistério da Igreja emitiu pronunciamento sobre a harmonia existente entre a Trindade imanente (em si) e a Trindade econômica (como esta se manifestou a nós), por meio do IV Concílio de Latrão, em 1215 (Denzinger, 2007, p. 283-286). Porém, como já tratamos desse ponto no Capítulo 1, deixaremos de tecer maiores considerações nesta oportunidade, avançando para a análise do que consta sobre a Trindade nos documentos formulados pelo Concílio Vaticano II.

3.4.7 A Trindade no (e para além do) Concílio Vaticano II

Nesta seção, trataremos da Trindade no âmbito do Concílio Vaticano II, convocado pelo Papa João XXIII e realizado no período compreendido entre 1962 e 1965, inicialmente sob sua presidência, sendo posteriormente sucedido por Paulo VI. Considerando a exposição feita por Oliveira (2017, p. 54), enumeramos, no Quadro 3.1, as principais considerações tecidas em relação à Santíssima Trindade nos documentos aprovados durante o referido concílio. Nesse quadro, indicamos a referência textual (na primeira coluna) e as correspondentes localizações dos textos nos respectivos documentos (segunda coluna): constituição dogmática *Lumen Gentium*, sobre a Igreja (LG); constituição conciliar *Gaudium et Spes*, sobre a Igreja no mundo atual (GS); decreto *Unitatis Redintegratio*, sobre o ecumenismo (UR); decreto *Ad Gentes*, sobre a atividade missionária da Igreja (AG); e constituição conciliar *Sacrossantum Concilium*, sobre a Sagrada Liturgia (SS).

Quadro 3.1 – A Trindade enunciada no Concílio Vaticano II

Referências à Santíssima Trindade	Localização
Origem e fonte do mistério da Igreja	LG 2-4 GS 40
Modelo supremo e o princípio de unidade da Igreja	UR 2 GS 92
Modelo para a vida social dos homens e das mulheres	GS 24
Dela brota toda a índole missionária da Igreja	LG 17 AG 2-5
Dela brota toda a vocação universal à santidade de toda a comunidade cristã	LG 39
Seu mistério é celebrado na Liturgia	SC 6 UR 15

Depois do Concílio Vaticano II, foram realizadas quatro conferências gerais do episcopado latino-americano e do Caribe (Medellín, 1968; Puebla, 1979; Santo Domingo, 1992; e Aparecida, 2007).

No tocante à Santíssima Trindade, aqui merece destaque a conferência mexicana. Na segunda parte do documento oficial, que trata dos desígnios de Deus sobre a realidade da América Latina, especificamente no Capítulo I, referente ao conteúdo da Evangelização (apresentando-nos a verdade a respeito de Cristo, o salvador que anunciamos), o item 12 utiliza os parágrafos 211 a 219 para expressamente afirmar a Trindade como modelo de comunhão e participação, assunto que abordaremos de modo mais detalhado no Capítulo 6, tendo em vista a pertinência dessa temática no âmbito do estudo daquela que será posteriormente examinada.

Encerrando a vertente de pronunciamentos do Magistério da Igreja, devemos destacar que todo o espaço dedicado à Trindade no Catecismo da Igreja Católica, promulgado pelo Papa João Paulo II em 11 de outubro de 1992, vem sendo esmiuçado para compor a estrutura da presente publicação. Aqui já discorremos sobre os itens 234 a 252 desse documento, restando, ainda, tratar do dogma propriamente dito (253 a 256) e das obras divinas e missões trinitárias (257 a 260).

3.5 O dogma da Trindade segundo o Catecismo da Igreja Católica

Mencionamos no início deste capítulo que, seguindo a estrutura apresentada pelo Catecismo da Igreja Católica quanto à Trindade, a abordagem de como a Igreja formulou a doutrina da fé sobre esse mistério passa por dois momentos. O primeiro momento, referente à formação do dogma trinitário, foi desenvolvido até a Seção 3.4.7. Nesta seção, trataremos, ainda que introdutoriamente, do segundo momento indicado pelo referido documento, atinente ao dogma trinitário propriamente dito. Dizemos *introdutoriamente* porque a leitura dos enunciados que a ele se referem, à luz do desenvolvimento da doutrina dos Capadócios, permite-nos constatar que muito do que ali consta diz respeito à reflexão sistemática que será desenvolvida nos Capítulos 4 e 5 desta obra, no tocante às relações estabelecidas entre as Pessoas divinas, suas propriedades e missão. Assim, por enquanto, limitamo-nos a reproduzir o conteúdo expresso no Catecismo da Igreja Católica, que, por sua natureza constitutiva, não deixa de ser um pronunciamento do Magistério da Igreja.

O dogma propriamente dito consta em três itens do referido documento: 253, 254 e 255. No primeiro desses itens, afirma-se o que buscamos sedimentar até aqui:

> "A Trindade é una" (CIC, n. 253).

Somos monoteístas e, portanto, nossa fé está assentada em um só Deus, em três Pessoas consubstanciais, mas que não dividem essa consubstancialidade, pois cada uma é Deus por inteiro. Com isso, o Catecismo da Igreja Católica recorda o pronunciamento dos concílios de Constantinopla (II), Toledo (XI) e Latrão (IV), para declarar que a Trindade consubstancial[22] está no Pai, que é aquilo mesmo que o Filho, o qual é aquilo mesmo que o Pai, sendo estes aquilo mesmo que o Espírito Santo, isto é, um único Deus por natureza[23], em que cada uma dessas três Pessoas é a substância, também denominada *essência* ou *natureza divina*[24].

O segundo dos itens mencionados expressa:

> "As pessoas divinas são realmente distintas entre si" (CIC, n. 254).

Para explicar esse apontamento, o Magistério da Igreja retoma a tradição que afirma que nosso Deus é um só, mas não é solitário[25], usando esse termo para demonstrar a distinção que existe entre as Pessoas; do

---

22 II Concílio de Constantinopla, em 553, *Anathematismi de tribus capitulis*. Cf. Denzinger (2007, p. 154).
23 XI Concílio de Toledo, em 675. Cf.. Cf. Denzinger (2007, p. 193).
24 IV Concílio de Latrão, em 1215, *De errore abbatis Ioachim*, cf. Denzinger (2007, p. 285-286).
25 Fórmula *Fides Damasi*, cf. Denzinger (2007, p. 38-39).

contrário, haveria justamente a solidão de um Deus e, logo, não faria sentido falar na existência de três Pessoas divinas. Com isso, o Catecismo novamente recorda o pronunciamento dos concílios de Toledo (XI) e Latrão (IV) para tratar da distinção das três Pessoas divinas, no sentido de que "Aquele que é o Filho não é o Pai e Aquele que é o Pai não é o Filho, nem o Espírito Santo é Aquele que é o Pai ou o Filho"[26], sendo que essa distinção entre eles decorre de suas relações de origem, visto que "O Pai gera, o Filho é gerado, o Espírito Santo procede"[27].

No entanto, não bastou afirmar que a Trindade é una e nessa unidade é trina distintamente por causa de suas originárias relações. O Magistério da Igreja acrescentou uma terceira colocação:

"As pessoas divinas são relativas umas às outras" (CIC, n. 255).

Nessa perspectiva, o Catecismo novamente resgata o pronunciamento do Concílio de Toledo (XI), para atestar que, no tocante aos nomes relativos das Pessoas, o Pai é referido ao Filho, assim como o Filho ao Pai, e o Espírito Santo a ambos, advertindo que, "quando falamos destas três Pessoas, considerando as relações respectivas, cremos, todavia, numa só natureza ou substância"[28]. Podemos encontrar uma afirmação clássica sobre essa colocação no Concílio de Florença, ao sentenciar, a respeito dos nomes divinos, que "n'Eles tudo é um, onde não há a oposição da relação"[29]. O Catecismo (CIC, n. 255) destaca, ainda, do referido concílio o seguinte texto: "o Pai está todo no Filho e todo no Espírito Santo: o Filho está todo no Pai e todo no Espírito Santo: o Espírito Santo está todo no Pai e todo no Filho"[30], justamente por causa da unidade nele implicada.

---

26 XI Concílio de Toledo, em 675, cf. Denzinger (2007, p. 193).
27 IV Concílio de Latrão, em 1215, *De errore abbatis Ioachim*. Cf. Denzinger (2007, p. 285-286).
28 XI Concílio de Toledo, em 675. Cf. Denzinger (2007, p. 192).
29 Concílio de Florença, *Decretum pro Iacobitis*, em 1442. Cf. Denzinger (2007, p. 366-367).
30 Concílio de Florença, *Decretum pro Iacobitis*, de 1442, cf. Denzinger (2007, p.367).

3.6 Encerrando a dogmática trinitária para adentrar em sua reflexão sistemática

Até este ponto, desenvolvemos o estudo da doutrina da Santíssima Trindade a partir da análise das heresias que permearam os séculos II a IV e de seus respectivos opositores, tudo culminando na convocação de concílios ecumênicos que sentenciaram a confissão de fé que ainda hoje professamos. Na defesa de uma Trindade Una, de três Pessoas divinas realmente distintas entre si, porém relativas umas às outras (CIC, n. 253-255), nossa jornada de estudo teve início com Santo Atanásio, que bebeu da fonte de Santo Irineu, passando pelos Padres Capadócios. Também nos debruçamos sobre os pronunciamentos do Magistério da Igreja, mas, nesta seção, precisamos resgatar um intervalo de tempo entre o fim do Concílio de Constantinopla e o tempo da escolástica para abordar o estudo do dogma da Santíssima Trindade por parte de grandes teólogos, que não podem deixar de ser mencionados em virtude da excelência da exposição sistemática que desenvolveram em relação ao tema.

Cabe observar que, justamente por se tratar de reflexão sistemática, muito do que apresentaremos na sequência teria lugar nos Capítulos 4 e 5 desta obra, porém optamos por enfocar esse conteúdo aqui, até para conseguir estabelecer uma ponte entre a dogmática e a teologia sistemática. Nosso campo de visão inicia com Santo Agostinho no período posterior ao Concílio de Constantinopla, tendo em vista que somente depois do encerramento desse concílio ele foi convertido ao cristianismo, batendo às portas do século V com o propósito de escrever *De Trinitate* (*Sobre a Trindade*), tarefa que finalmente realizou após o transcurso de dezessete anos (400-416).

Oito séculos depois, já no tempo da escolástica, encontramos a figura de São Tomás de Aquino (1224-1274), que, segundo Oliveira (2017, p. 47), concebe um sistema trinitário altamente lógico, definindo as Pessoas divinas como relações subsistentes, ampliando, assim, a dinâmica especulativa iniciada por Agostinho, o que lhe confere até hoje o título de maior teólogo sistemático da Trindade no Ocident31[31].

Considerando o interregno de tempo entre esses dois teólogos, discorreremos brevemente sobre as contribuições de Boécio, Santo Anselmo, Ricardo de São Vítor e São Boaventura.

3.6.1 A contribuição de Santo Agostinho

Por ocasião do Concílio de Constantinopla, o que sabemos de Santo Agostinho é que ele sequer era convertido e batizado, fato que apenas ocorreu em 387.

Dez anos depois, numa espécie de autobiografia de sua vida, denominada *Confissões*, Santo Agostinho trata, no último dos treze livros que a compõem, do desafio de compreensão da Trindade (Agostinho, 2004, p. 384), tema sobre o qual se debruçará logo em seguida, por quase duas décadas, por causa da composição de outra obra, composta por quinze livros, sob o título *De Trinitate*. Justamente porque a redação da obra é posterior ao referido concílio, acertadamente adverte Kloppenburg (2001, p. 95) que Santo Agostinho "partiu da fé", iniciando sua jornada de investigação sob o fundamento que já fora assentado pelo Magistério da Igreja.

Na redação da obra trinitária, Santo Agostinho se vale das Escrituras, profusamente já citadas no Livro I, também a elas recorrendo para

---

[31] Em nota de rodapé, a autora nos orienta que São Tomás de Aquino trata da questão de Deus em sua *Suma teológica*, Tomo I, questões 2 a 43. Por sua vez, a temática da Trindade aparece nas questões 27 a 43. Cf. Aquino (2016).

sustentar sua ideia de procedência do Espírito Santo pelo Pai e pelo Filho, conforme veremos adiante. Nesse mesmo livro e nos sete seguintes, ele também se utiliza das categorias referidas por Aristóteles. Por sua vez, os livros VI, X, XI e XII nos permitem constatar a consulta à obra de Hilário de Poitiers. Já com relação aos Padres da Igreja, anteriormente examinados, Santo Agostinho esclarece no Livro III que apenas compulsou as traduções latinas de excertos dos escritos de Atanásio e dos capadócios Basílio e Gregório de Nazianzo[32].

Como mencionamos, os oito primeiros livros foram dedicados à reflexão sobre as dez categorias referidas por Aristóteles (substância; qualidade; quantidade ou dimensão; relação; ação; paixão ou ação sofrida; posição ou situação; hábito ou exterior; local; e tempo)[33]. No Livro V, quando Santo Agostinho enuncia Deus "como um ser bom sem

---

[32] "É preciso considerar também, que os tratados em grego sobre esses assuntos, ou não estão ainda traduzidos em língua latina, ou não são encontrados ou os conseguimos com grande dificuldade. Ademais, não estamos bastante familiarizados com a língua grega a ponto de nos considerar idôneos para ler e entender obras sobre tais temas. Entretanto, pelo pouco que cheguei a ler de traduções dos referidos livros, não duvido que neles poderíamos encontrar com utilidade tudo o que estou pesquisando presentemente" (Agostinho, 1994, p. 111).

[33] O Livro XV contempla um resumo dos livros anteriores. Em trabalho acadêmico realizado no âmbito da graduação, assim discorremos sobre o conteúdo da obra: "Os Livros I a VIII tratam: da unidade e igualdade da Trindade pelas Sagradas Escrituras; da atuação de todas as três Pessoas inseparavelmente, presentes em toda a parte; da consubstancialidade do Filho em relação ao Pai; da inexistência de três deuses, geração do Filho pelo Pai; em que sentido se predica uma essência e três Pessoas; de que duas Pessoas não são maiores que uma assim como todas as três juntas não são maiores do que cada uma considerada separadamente; da natureza incorpórea e imutável de Deus e da analogia do amante, do amado e do amor. Os Livros IX e X buscam uma trindade nas coisas corporais, focando na mente do homem, imagem de Deus, onde encontramos uma certa trindade (memória, inteligência e vontade), três realidades diferentes entre si e dotadas de uma só essência. O Livro XI refere à trindade do homem exterior (visão a partir do objeto; olhar do observador e aplicação da vontade, que liga ambos; três realidades desiguais, inclusive na substância). Em seguida, aborda uma trindade na própria alma (imagem do objeto na memória; informação decorrente do olhar quando nela se pensa e a intenção da vontade unindo ambas), todas iguais em substância, em que pese essa trindade ainda dizer respeito ao homem exterior, pois tem origem nos objetos percebidos exteriormente. O Livro XII difere sabedoria e ciência, pesquisando uma trindade nesta que é inferior àquela. Embora diga respeito ao homem interior, essa trindade não pode ser considerada imagem de Deus, o que veio tratado no Livro XIII. Já o Livro XIV refere à trindade da sabedoria, ou seja, da contemplação, na mente humana, onde está a imagem mesma de Deus, nas coisas eternas. Após ter consagrado os 14 primeiros livros para aprofundar o mistério de Deus trino, Agostinho emprega este último para apontar as diferenças radicais que separam a Trindade criadora de suas imagens criadas. Assim, transcorrido o Exórdio e a Introdução, o Livro XV parte da imagem trinitária para atingir a Trindade Divina, percorrendo o verbo mental para atingir o Verbo divino, para enfatizar o Espírito Santo e processões divinas" (Pereira, 2014).

qualidade, grande sem quantidade, criador sem privação, presente sem lugar determinado, tudo contendo sem por nada ser contido, inteiro em tudo, mas não de modo local, sempiterno sem tempo, agente que tudo muda sem se mudar em nada" (Agostinho, 1994, p. 192-193), acaba por excluir oito daquelas dez categorias, mantendo aplicáveis a Deus somente a substância e a relação. Pois bem, dessas duas categorias, a grande contribuição trazida por Santo Agostinho reside na atenção que dispensa à categoria *relação* (Kloppenburg, 2001, p. 97), tema de que trataremos no Capítulo 4.

No percurso do desenvolvimento da reflexão trinitária, podemos perceber a decisiva influência da doutrina de Santo Agostinho (também referida como *doutrina psicológica*), já anteriormente analisada nos concílios de Toledo (XI, em 675) e de Latrão (IV, em 1215), bem como no Símbolo *Quicumque*. Outra peculiaridade que podemos destacar na obra de Santo Agostinho diz respeito à procedência do Espírito Santo pelo Pai e pelo Filho, o que justificou com textos joaninos[34], como alternativa à ausência de respaldo naqueles padres anteriormente referidos (Lorenzen, 2002, p. 43). No âmbito dessa temática da processão, Santo Agostinho argumenta sobre a proveniência do Filho por meio da ação do intelecto (sabedoria ou verbo); a do Espírito Santo decorre da ação da vontade (amor) (Kloppenburg, 2001, p. 109).

Por derradeiro, outro destaque que podemos extrair do pensamento trinitário de Santo Agostinho consiste na tentativa de explicar a Trindade por meio de imagens. Nesse sentido, segundo Kloppenburg (2001, p. 99), seu grande empenho teve início no Capítulo 11 do Livro XIII da obra *Confissões*, quando empregou os verbos "existir, conhecer e querer" (Agostinho, 2004, p. 384). Prosseguindo, o respeitável frei pontua o esforço empreendido na obra sobre a Trindade, na qual Santo Agostinho buscou ilustrar esse mistério por meio da imagem, no

---

34 Sobre o Espírito, Jesus diz: "vos enviarei de junto do Pai" (Jo 15,26). No mesmo Evangelho, assevera: "o Pai enviará em meu nome" (Jo 14,26); "Recebei o Espírito Santo" (Jo 20,22).

homem exterior, que pudesse exprimir a unidade da substância divina (Kloppenburg, 2001, p. 100-101). Nesse ponto, o bispo de Hipona descreve, no Livro XI, que, em realidades extrínsecas, apenas encontrou vestígios da Trindade quando tratou: do objeto visível (externo ao ser humano); de sua imagem no observador; e na aplicação da vontade para a alma manter alerta o sentido da vista enquanto a visão se ocupava do referido objeto. Da mesma maneira, numa segunda etapa, também procurou vestígios trinitários em realidades intrínsecas, buscando a representação gráfica da Trindade no homem interior, recorrendo a uma comparação com as funções da alma (Kloppenburg, 2001).

A seguir, a Figura 3.1 e o Quadro 3.2 visam ilustrar o pensamento de Santo Agostinho.

Figura 3.1 – O espelho, em enigma

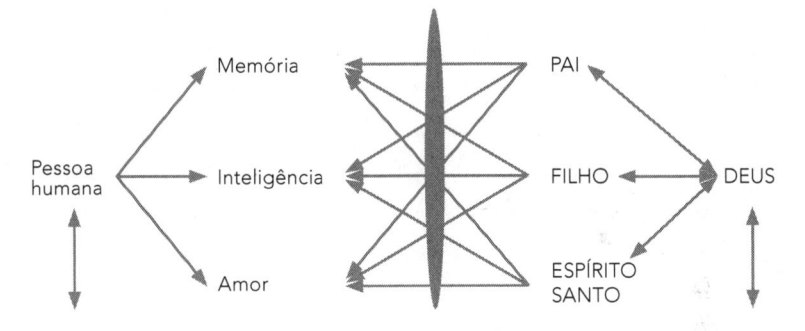

Quadro 3.2 – O espelho, em enigma

Pessoa Humana	Deus
O homem, única pessoa, possui três faculdades (memória, inteligência e vontade).	As três realidades juntas são um só Deus (unidade de essência e trindade de Pessoas).
As três realidades pertencem a um só homem, mas não são um só homem.	As três realidades não pertencem a um só Deus.
Cada realidade individualmente considerada não é a pessoa humana.	As três realidades juntas são um só Deus e, ao mesmo tempo, elas não são uma só Pessoa, mas três Pessoas (a origem trinitária idêntica à unidade perfeita).

Ou seja, assim como na alma humana há três faculdades distintas (memória, inteligência e vontade) também em Deus há três Pessoas distintas mas de mesma natureza (Pai, Filho e Espírito Santo), correspondente por analogia àquelas faculdades, de tal modo que espelhariam a estrutura íntima da Trindade. Santo Agostinho, porém, mostrou-se insatisfeito na analogia feita, visto que as três faculdades ilustradas não são três Pessoas, concluindo que

> Uma coisa é a Trindade em si mesma e outra a imagem da Trindade em outra realidade. [...] Mas apesar de tudo, assim como nesta imagem humana da Trindade as três realidades não são um só homem, mas pertencem a um só homem, assim também, na suprema Trindade, de cuja imagem é o homem, as três realidades não pertencem a um só Deus, mas as três juntas são um só Deus. (Agostinho, 1994, p. 542-543)

A própria insatisfação de Santo Agostinho com a analogia que desenvolveu assinala que todas as considerações sobre a doutrina trinitária não encerrariam com a conclusão de seu tratado, mesmo após dezessete anos de intenso estudo. Tivesse o estudo da Trindade sido esgotado em Agostinho, sequer haveríamos de prosseguir com a elaboração deste livro, que vai apresentar ainda as contribuições da escolástica e, notadamente, de Santo Tomás de Aquino.

3.6.2 As contribuições da escolástica

Posteriormente às contribuições de Santo Agostinho, provieram outras da escolástica[35], fazendo-se aqui breve referência a Boécio, Santo Anselmo, Ricardo de São Vítor e São Boaventura.

---

35 Termo empregado em referência ao pensamento teológico e filosófico desenvolvido durante a Idade Média.

Vamos iniciar por Boécio (475-524), que redigiu algumas obras sobre a Trindade na esteira do pensamento de Santo Agostinho, sendo dele a expressão *"rationalis naturae individua substantia"*, que pode ser traduzida como "a incomunicável substância da natureza racional", entendimento que, posteriormente, será aplicado por Ricardo de São Vítor em sua compreensão trinitária. Muito tempo depois, surgiu o monge beneditino Anselmo (1033-1109), que desenvolve sua doutrina sobre a Trindade nos Capítulos 29 a 67 da obra *Monalogium*. Ali, finca no conceito de amor o substrato comum das Pessoas divinas, por meio do qual o Pai (que se ama) e o Filho (que se ama) também se amam reciprocamente, disso originando a processão do Espírito Santo, que, simultaneamente, é ato e fruto desse sentimento. Prosseguindo no tema da processão do Espírito Santo, ensina Kloppenburg (2001, p. 107), aqui profusamente mencionado:

> Já que o Espírito Santo não pode ter origem de si mesmo, será necessário admitir que ele procede do Pai e do Filho, não enquanto Pai e Filho, mas enquanto Deus, essência divina e enquanto dele não distintos. O Espírito Santo procede do Filho ao mesmo tempo que procede do Pai, como de um mesmo princípio. E também do mesmo modo, pois ele procede dos dois segundo a essência que lhes é comum.

Depois de Santo Anselmo, o monge beneditino Ricardo de São Vítor (+1172), em seu tratado *De Trinitate*, volta sua atenção para a Trindade imanente, em si. Desenvolvendo a temática da processão de um modo que se diferencia do proposto por Santo Agostinho e se assemelha ao de Anselmo, o monge toma o amor como fonte da ação intradivina para responder como e por que três Pessoas são constituídas no interior da única substância divina. Kloppenburg pontua que, da mesma forma que Santo Agostinho desenvolveu a doutrina psicológica da Trindade, Ricardo desenvolveu uma doutrina social trinitária, partindo do amor como amizade, por meio da qual "desde toda a eternidade há uma pessoa que não é precedida de nenhuma outra; mas ao seu lado existe, necessariamente, uma outra que ama e é amada", destas duas procedendo, necessariamente, uma terceira, igual às outras duas" (Kloppenburg, 2001, p. 111-112).

Entretanto, como o tema da processão diverge em ambos, Ricardo de São Vítor inaugura uma tradição que se distancia do pensamento de Santo Agostinho. Por sua vez, seu pensar servirá de respaldo para o franciscano São Boaventura (1217-1274), que fará a distinção das Pessoas divinas na diversidade das processões, com o Filho procedendo do Pai, pela via da inteligência, e o Espírito Santo procedendo do Pai e do Filho, pela via do amor recíproco (Kloppenburg, 2001). Especificamente com relação à terceira Pessoa, para Boaventura, o Espírito Santo exprime a unidade de um mesmo ato de amor (única espiração) das outras duas Pessoas distintas (dois espiradores), sendo fruto do recíproco amor do Pai e do Filho e laço unitário dos dois (Kloppenburg, 2001).

3.6.3 A contribuição de São Tomás de Aquino

Ainda no âmbito da escolástica, precisamos tratar, em seção especial, da figura de São Tomás de Aquino (1225-1274), um dominicano que, segundo Kloppenburg (2001), desenvolveu uma doutrina trinitária substancialmente identificada com Santo Agostinho e Santo Anselmo, com a novidade de apresentar clara identificação das três hipóstases divinas, o que podemos mostrar por meio do Quadro 3.3.

Quadro 3.3 – As três hipóstases divinas

Processão	Como ocorre	Modalidade
Do Filho	Pela intelecção do Pai	Geração
Do Espírito Santo	Pela volição comum do Pai e do Filho	Espiração

Na sequência, o consagrado demonstra que essas Pessoas divinas também têm nome próprio, o que pode ser observado no Quadro 3.4.

Quadro 3.4 – As três hipóstases divinas e seus respectivos nomes próprios

Pessoas	Nome	Outras denominações	Trecho na *Suma teológica*, de São Tomás de Aquino
Primeira Pessoa	Pai	Na qualidade de quem engendra o Filho: • **Ingênito**, pois não deriva de ninguém. • **Princípio**, pois Dele derivam o Filho e o Espírito Santo.	Tomo I, Questão 33, Art. 1º e 4º
Segunda Pessoa	Filho	Na qualidade de quem é engendrado pelo Pai: • **Verbo**, termo do pensamento divino. • **Imagem**, pois reproduz substancialmente o Pai.	Tomo I, Questão 34 e Questão 35
Terceira Pessoa	Amor	Na qualidade de fim da volição: • **Dom**, enquanto nele Deus se dá. • **Espírito**, porque espirado pelo Pai e pelo Filho.	Tomo I, Questões 36, 37 e 38

Em arremate, Kloppenburg (2001) expõe que São Tomás de Aquino difere amor pessoal e nocional de amor essencial. Este seria comum às três Pessoas em sua unidade, enquanto aquele é referido em sentido próprio ao Espírito Santo, considerando-se que o amor é visto, no Pai e no Filho, como princípio, mas no Espírito Santo como fruto.

Síntese

Neste capítulo, vimos que a Doutrina da Trindade foi formulada e desenvolvida, ainda no primeiro milênio, pelo Magistério da Igreja, assentado, sobretudo, nos concílios de Niceia, em 325, e de Constantinopla, em 381, mas que também se configurou pela contribuição reflexiva de muitos padres e doutores da Igreja, que empenhadamente combateram diversas heresias.

Em Niceia, os bispos ali reunidos confessaram que o Filho é "consubstancial" ao Pai, isto é, um só Deus com Ele. Em Constantinopla, conservaram esse dogma, acrescentando que Ele é o "Filho unigênito de Deus, nascido do Pai antes de todos os séculos, [...] gerado, não criado, consubstancial ao Pai". O Concílio de Constantinopla também dispôs sobre a divindade do Espírito Santo, afirmando que Ele é "Senhor que dá a vida, e procede do Pai" e confessando que "com o Pai e o Filho, é adorado e glorificado". Além desses dois concílios, também foram mencionados outros, com destaque para dois elencados pelo Catecismo da Igreja Católica, no caso, o XI Concílio de Toledo (675) e o Concílio de Florença (1431-1447), que, paulatinamente, deram a conformação ao dogma trinitário, tal como registrado pelo Catecismo.

Tendo discorrido sobre a *Filioque* e a Pericórese, bem como sobre a Trindade no Concílio Vaticano II e posteriormente a ele, buscamos fazer uma ponte entre este capítulo e o seguinte mediante uma breve reflexão sistemática derivada das contribuições de Santo Agostinho e da escolástica, com destaque para São Tomás de Aquino.

Indicações culturais

Para maior compreensão sobre a fé na Trindade, com ênfase nas contribuições de Ricardo de São Vítor e São Boaventura, além das concepções sistemáticas da teologia trinitária contemporânea, recomendamos a leitura complementar do sétimo capítulo da obra indicada a seguir, intitulado "A autorrevelação de Deus como amor do Pai, do Filho e do Espírito Santo (Doutrina da Trindade)".

MÜLLER, G. L. **Dogmática católica**: teoria e prática da teologia. Petrópolis: Vozes, 2015.

Para uma compreensão mais ampla das contribuições de Santo Agostinho quanto às imagens da Trindade, sugerimos a leitura do livro a seguir.

CAYRÉ, F. **La contemplation augustinienne**: principes de spiritualité et de théologie. Paris: Bruges, 1974.

Atividades de autoavaliação

1. Indique se as afirmações a seguir são verdadeiras (V) ou falsas (F):
   a) No triteísmo, garante-se a pluralidade de Pessoas, mas destrói-se a unidade de essência.
   b) O patripassianismo e o sabelianismo são formas de modalismo, que, por sua vez, seria uma forma de monoteísmo, cujo erro está em não garantir a trindade das Pessoas, realmente distintas.
   c) O subordinacionismo é uma forma de monoteísmo, na qual podemos inserir o arianismo.
   d) Os pneumatômacos eram adeptos do macedonismo, que resgatou a heresia ariana, desta vez em reação ao Espírito Santo.
   e) Para os arianos, a dignidade do Filho era menor que a do Pai e a do Espírito Santo era menor que a de ambos. Assim, esses hereges atribuíam graus de dignidade à Trindade, desfazendo a unidade e caindo na pluralidade.

   Agora, assinale a alternativa que corresponde corretamente à sequência obtida:
   a) V, V, V, V, V.
   b) F, F, F, F, F.
   c) V, F, V, F, V.
   d) F, V, F, V, F.
   e) V, V, V, F, F.

2. Assinale a alternativa correta:
   a) Os Padres Capadócios defenderam a divindade do Espírito Santo.

b) Basílio distinguia *ousía* de *hypóstasis*.

c) Gregório de Nissa foi quem descreveu o Espírito como doador de vida.

d) O termo *processão*, embora anteriormente empregado por Basílio, é avocado por Gregório de Nazianzo como de sua autoria, mas foi Gregório de Nissa quem o estudou com mais profundidade.

e) Todas as alternativas estão corretas.

3. Assinale a alternativa correta:

a) Traduzidas para o grego, as palavras latinas *ouísia* e *hypóstasis* eram sinônimos de *substantia*.

b) Traduzida o grego, a palavra latina *persona* era sinônimo de *hypostasis*.

c) Traduzida o grego, a palavra latina *persona* era sinônimo de *prósopon*.

d) A Igreja grega concebe que o Espírito Santo procede do Pai e do Filho.

e) Para os latinos, o Espírito Santo procede do Pai pelo Filho.

4. Assinale a alternativa correta:

a) A temática desenvolvida no Concílio de Niceia dizia respeito à consubstancialidade do Filho em relação ao Pai.

b) A temática desenvolvida no Concílio de Constantinopla dizia respeito à Pessoa do Espírito Santo.

c) A questão *Filioque* foi tratada pelo I Sínodo de Toledo, pelo III Concílio de Toledo e pelo Concílio de Florença.

d) Na Trindade, a Pericórese foi tratada pelo Magistério da Igreja no decreto para os Jacobitas, durante o Concílio de Florença.

e) Todas as alternativas estão corretas.

5. Com relação às contribuições da escolástica para o estudo da Trindade, indique se as afirmações a seguir são verdadeiras (V) ou falsas (F):

( ) Santo Agostinho confere grande atenção à categoria *relação*, mas também podemos destacar em sua obra a questão da *Filioque*.

( ) Além de Santo Agostinho, podemos destacar da escolástica as contribuições de Boécio, Santo Anselmo, Ricardo de São Vítor, São Boaventura e São Tomás de Aquino.

( ) É de Ricardo de São Vítor a expressão *"rationalis naturae individua substantia"* ("a incomunicável substância da natureza racional"), depois usada por Boécio em sua compreensão trinitária.

( ) Ricardo de São Vítor voltou sua atenção para a Trindade imanente, em si, desenvolvendo a temática da processão de modo semelhante ao proposto por Santo Agostinho e diferente do proposto por Santo Anselmo.

( ) São Tomás de Aquino desenvolveu uma doutrina trinitária substancialmente identificada com Agostinho e Anselmo, com a novidade de apresentar clara identificação das três hipóstases divinas, atribuindo a cada uma denominações.

Agora, assinale a alternativa que corresponde corretamente à sequência obtida:

a) V, V, V, V, V.
b) V, V, V, F, V.
c) V, V, V, F, F.
d) V, V, F, F, V.
e) V, V, F, V, F.

Atividades de aprendizagem

Questões para reflexão

1. Tanto o judaísmo quanto o islamismo são religiões monoteístas que renegam a Santíssima Trindade. Na atualidade, que outra religião ou doutrina você poderia indicar como uma perspectiva que nega o reconhecimento trinitário?

2. Em Niceia, ocorreu uma cristianização do helenismo, e não uma helenização do cristianismo. Reflita e explique essa afirmação.

Atividades aplicadas: prática

1. Elabore um quadro expositivo dos concílios tratados neste capítulo, com os respectivos conteúdos trinitários.

2. Nos cânones do I Concílio de Constantinopla (381), encontramos uma lista completa de heresias trinitárias. Pesquise e identifique quais são as heresias ali tratadas.

3. Elenque as imagens trinitárias desenvolvidas por Santo Agostinho, em sua obra sobre a Trindade, com base na segunda leitura complementar recomendada na seção "Indicações culturais" deste capítulo.

4
As Pessoas divinas e suas relações

No final do Capítulo 3, destacamos que o Catecismo da Igreja Católica (CIC) apresenta dogma trinitário propriamente dito, segundo o qual "a Trindade é una" e nessa unidade as Pessoas divinas "são realmente distintas entre si" e "relativas umas às outras" (CIC, n. 254-256). Ressaltamos, ainda, que a distinção hipostática decorre das relações de origem (CIC, n. 255).

Assim, neste capítulo, é chegado o momento de tratarmos de cada uma dessas Pessoas divinas e suas relações. Mostraremos que são justamente as relações estabelecidas por essas três Pessoas que permitem concebê-las como tais, o que justifica o título do capítulo. A partir disso, discorreremos sobre cada uma dessas Pessoas, recordando aspectos já examinados nos capítulos precedentes, com destaque para a Pericórese.

Como ponto de partida, analisaremos o conceito de pessoa, sob as perspectivas terminológica, humana e trinitária.

4.1 Uma matemática trinitária

No desenvolvimento de nosso estudo, à luz do Magistério da Igreja e da reflexão doutrinária, somos orientados a guardar a "matemática trinitária", que contempla:

1. a substância divina;
2. as processões (do Filho e do Espírito);
3. as hipóstases (Pai, Filho e Espírito Santo);
4. as relações;
5. as noções ou características exclusivas.

No Capítulo 3, exaustivamente analisamos aquilo que Clodovis Boff (2008) destaca como o "núcleo duro" do dogma trinitário, presente na fórmula "três pessoas numa natureza", em que o termo *natureza*, ou ainda *substância* ou *essência*, responde pelo que há de comum e igual entre os três divinos, ao passo que o termo *pessoa* (hipóstase) responde pela distinção entre eles. Para além da consubstancialidade divina nas três hipóstases, também já tratamos das processões de geração do Filho e processão do Espírito Santo, quando abordamos a polêmica em torno do tema da *Filioque*.

Agora, veremos as quatro relações estabelecidas entre as Pessoas divinas. Para tanto, precisamos discorrer sobre o conceito de pessoa, o que faremos primeiramente sob as perspectivas terminológica e humana, para somente então adentrar na ótica trinitária e depois retornar ao estudo desenvolvido por Santo Agostinho e pelos teólogos da escolástica.

4.2 As perspectivas terminológica, humana e trinitária

A palavra *pessoa* vem do latim *personare*, que significa "ressoar", sendo também um termo utilizado para designar a máscara que era usada pelos atores no teatro. Já vimos, no Capítulo 3, que esse termo era traduzido para o grego como *prósopon*. Entretanto, para designar a distinção entre as Pessoas da Trindade, os latinos usavam o termo *persona*, e não o termo grego *hypóstasis*, que Basílio de Cesareia relutou em aceitar. Posteriormente, a palavra latina acabou sendo admitida por Gregório de Nazianzo, que a introduziu na terminologia trinitária com equiparação semântica àquele em grego, ou seja, *hypóstasis*.

Avançando para a perspectiva humana, vimos que Boécio definiu pessoa como *"rationalis naturae individua substantia"*, *o que foi* traduzido como "realidade individual de natureza racional", definição por meio da qual quis expressar a singularidade de cada pessoa como um indivíduo racional, dotado de natureza intelectual[1]. Para atingirmos o propósito de esclarecer adequadamente o conceito de Pessoa na Trindade, vamos antecipadamente tratar do conceito de pessoa como ser humano, aproveitando a lição de Clodovis Boff. Segundo esse teólogo, como indivíduo racional, a pessoa conota dois aspectos, que ele ilustra por meio de termos que emprega como sinônimos de cada uma dessas conotações (Boff, 2008, p. 20).

---

1 Para Clodovis Boff (2008, p. 19), a pessoa seria um "sujeito", um "eu" ontológico, e não meramente psicológico, fazendo-se uma distinção entre essas duas concepções. Na perspectiva ontológica, de ordem objetiva, a pessoa seria vista como este sujeito racional proposto por Boécio. Seria a concepção clássica, contraposta à moderna concepção psicológica, de natureza subjetivista, que concebe a pessoa como "ser consciente" e autodeterminado em ato. Ao tentar explicitar a abstração para o plano concreto, o frei esclarece que a distinção é relevante no debate sobre o aborto, no ponto em que se define se o nascituro é pessoa. Estendemos o exemplo para a questão do uso de células-tronco, bem como a interrupção da gestação de anencéfalos, dois casos em que não se cogita consciência, podendo-se ainda considerar a situação de morte encefálica. Conforme o teólogo, esses exemplos servem para ilustrar que "não é a consciência de si que constitui a pessoa, como querem os modernos" (Boff, 2008, p. 19), concluindo que, se a autoconsciência fosse o constitutivo do ser pessoa, teríamos a aberração de Jesus ser duas pessoas e a Trindade ser uma só!

Quadro 4.1 – Dupla conotação da pessoa como indivíduo racional

Conotações da pessoa como indivíduo racional	
Substância	Relação
Imanência	Transcendência
Autonomia	Abertura
Ser em si	Ser para o outro
Ser subsistente	Ser relacional
Autoafirmação	Autodoação
Liberdade	Amor
Singularidade	Comunicação
Ponto	Vértice

O teólogo explica que a singularidade da pessoa implica um *in se* (em si), motivo pelo qual se faz referência aqui à pessoa em particular, específica, e não de modo genérico. Sob tal perspectiva, a pessoa "é um ser único, irrepetível, insubstituível, incomparável" (Boff, 2008, p. 20). Prosseguindo, para ilustrar que a pessoa é um mundo em si, o todo, e não apenas membro do mundo ou pedaço de um todo, Boff se refere à ovelha perdida, que não seria apenas uma cabeça do centenário rebanho, mas a única que conta como um universo para o pastor, daí o pecado contra um ser humano refletir o pecado contra toda a humanidade.

Já quanto à abertura, Boff (2008, p. 20) caracteriza a pessoa como *ad aliud* (o outro), sendo vocacionada ao relacionamento tridimensional, com o transcendente, com seu semelhante e com o mundo. Nesse contexto, "o ser humano só se realiza quando se faz dom, entrega, oferenda", daí porque a constituição conciliar *Gaudium et Spes* (GS) complementa declarando que essa singularidade "não pode se encontrar plenamente se não por um dom sincero de si mesmo" (GS, n. 24). Em arremate, Boff (2008) afirma que a primeira dimensão é a base da segunda (já que apenas dá quem tem), mas esta consuma aquela, pois apenas se dá quem realmente se tem, ilustrando a afirmação do

Evangelho de Marcos: "Mas o que perder a sua vida por amor de mim e do evangelho, irá salvá-la" (Mc 8,35).

Entretanto, o teólogo defende que, para existir uma relação verdadeiramente humana[2], ela deve partir de um sujeito que não coincide com a referida relação. Já na Trindade, a situação é diferente, pois as Pessoas divinas coincidem com suas relações (Boff, 2008). Quando se trata do ser humano, é a pessoa que funda a relação. Já na Trindade, ocorre o contrário, visto que é a relação que funda a Pessoa. Assim, São Tomás de Aquino afirma que a Pessoa divina é uma **relação subsistente** e, para exemplificar essa diferença em relação à pessoa humana, Boff (2008, p. 21) esclarece que, em primeiro lugar, temos um homem (substância ou realidade), que, em seguida, se torna pai (relação). Já na Trindade, o sujeito portador das relações não é uma pessoa previamente constituída, mas é a própria relação. As pessoas divinas são relações; as pessoas humanas têm relações".

Em outras palavras, mas que são cruciais para nosso estudo, o mencionado frei afirma que, na Santíssima Trindade,

> as duas dimensões do conceito de pessoa coincidem: sujeito e relação, ou seja: liberdade e amor, ou autopossessão e autoentrega. Cada pessoa divina é [...] pessoa somente na e pela relação com as outras. O Pai só é Pai em relação ao Filho no Espírito. Fora dessa entrega de amor, o Pai não é nada.[3] (Boff, 2008, p. 21)

A propósito do tema, vale a pena recapitularmos o estudo da Revelação trinitária no Mistério Pascal, desenvolvido no Capítulo 2 deste livro, em que identificamos cada uma das três Pessoas divinas envolvidas na

---

[2] Para o conceito de pessoa, ver ainda: Mondin (1998); Schütz e Sarach (1972); Sepe (1991); Milano (1984); Nédoncelle (1963). O conceito de pessoa aplicado à Trindade também é desenvolvido por Gomes (1979).

[3] Essa coincidência pode ser claramente observada em João: "mas eu a dou de mim mesmo" (Jo 10,18). Nessa passagem, podemos identificar as duas dimensões constitutivas na Pessoa de Jesus, por meio dos pronomes "eu" e "mim", o primeiro expressando uma doação ativa e livre e o segundo indicando uma oferta amorosa.

dinâmica da entrega amorosa no evento da crucificação. Por fim, o frei pontua que, na Trindade, Pessoa é pura abertura, comunicação absoluta, citando como exemplo o fato de que "o Pai comunica tudo ao Filho, menos a paternidade" (Dalmau; Sagues, 1955, p. 424, tradução nossa).

4.3 A categoria *relação* como fundamento da pessoa

Afirmamos que as três Pessoas divinas são constituídas justamente em decorrência das relações que estabelecem entre si. Em termos exemplificativos, quando utilizamos a expressão *em relação*, estamos nos reportando a algum sujeito ou a algum objeto, numa referência que toma em consideração nosso ponto de vista. Nesse caso, estamos diante de uma via de mão única, que parte de nosso posicionamento em direção ao que pretendemos abordar, o que corrobora a afirmação de que, sob a perspectiva humana, é a pessoa que funda a relação. Todavia, no desenvolvimento da Doutrina da Trindade, apesar de a temática da relação caminhar no sentido oposto (a relação funda a Pessoa), essa não é uma via de mão única, mas uma via de mão dupla, pois não se trata de um sujeito em relação a um objeto, mas de dois sujeitos relacionados.

Vamos exemplificar: anualmente o comércio celebra o Dia dos Pais. Os filhos presenteiam seus genitores e apenas recebem presentes se, além de filhos, também forem pais. Mesmo assim, um determinado homem, sendo pai e filho, é pai em relação ao seu filho e é filho em relação ao seu pai. Se esse homem for apenas filho, ao invés de receber um presente, apenas o dará, e essa oferta pertence ao seu genitor. A via de mão dupla é estabelecida entre esses sujeitos porque o pai apenas é pai em relação ao filho e o filho apenas é filho em relação ao pai.

O mesmo ocorre com a Trindade. Quando falamos do Pai, isso deriva de uma paternidade deste em relação ao Filho. Trata-se, portanto, da relação de paternidade em oposição à filiação e da relação de filiação em oposição à paternidade. Para além dessas duas relações (paternidade e filiação) entre as Pessoas trinitárias Pai e Filho, existem as relações de espiração e processão, que dizem respeito à relação destes com a Pessoa do Espírito Santo.

Portanto, quatro são as relações entre as Pessoas trinitárias: paternidade, filiação, espiração e processão.

4.4 A reflexão doutrinária quanto à categoria *relação*

No tocante às relações entre as Pessoas divinas, Werbick (2001, p. 436-437) destaca que

> As tradições do Novo Testamento não conhecem nenhuma 'doutrina' da Trindade no sentido de refletirem a inter-relação e correlação do Pai, do Filho e do Espírito Santo como a relação de três seres divinos. Essa inter-relação e correlação passa a ser cogitada – de modo direto ou indireto – sobretudo onde a situação histórico-salvífica dos crentes pós-pascais é tematizada.

O conceito de relação, afirma Kloppenburg (2001, p. 97), foi desenvolvido por Santo Agostinho, de quem já tratamos no Capítulo 3, mas que agora abordaremos com maior profundidade; tal perspectiva norteará grande parte da reflexão proposta. No entanto, cabe ressaltar que, antes de Santo Agostinho, os capadócios Gregório de Nazianzo e Gregório de Nissa também se debruçaram sobre a temática das relações.

Santo Agostinho concebe a natureza divina como relação, desde sempre, eternamente, não sendo possível qualquer aperfeiçoamento. Buscando exemplificar essa concepção, se pensarmos em Deus como um contrato, podemos considerar que não há termo aditivo para acrescentar ou suprimir cláusulas. Para esse santo, em Deus não pode haver acidentes, o que fica mais claro quando, por exemplo, justamente pensamos no significado de um acidente numa estrada, no qual a consequência é a interrupção do percurso, acarretando uma mudança da direção que vinha sendo seguida. E, porque em Deus não pode haver distinção das três Pessoas consubstanciais por acidentes, Agostinho compreende que o Pai, o Filho e o Espírito Santo apenas podem ser diferenciados diante das diferentes relações entre Eles estabelecidas.

Segundo podemos extrair do Capítulo 5 do Livro V da obra trinitária de Santo Agostinho, os nomes *Pai* e *Filho* exprimem relação um para com o outro porque

> o Pai só é chamado Pai por ter um Filho; e o Filho só é assim chamado por ter um Pai, essas relações não emanam da substância, pois cada uma das pessoas não é mencionada em relação a si mesma, mas sim em relação à outra e entre si reciprocamente. Contudo, não é uma relação acidental, porque o ser Pai e o ser Filho é neles eterno e imutável. (Agostinho, 1994, p. 196-197)

Posteriormente, esse pensamento foi retomado no Capítulo 10 do Livro XI da obra *Cidade de Deus*[4], por meio da célebre frase que enuncia que em Deus tudo é uma "exceção feita das relações das pessoas", pensamento que posteriormente ficou assentado no Concílio de Florença, em 1442[5].

---

[4] Considerada por alguns como a mais ampla apologia do cristianismo transmitida pela Antiguidade. Composta por vinte e dois livros, redigidos em três anos, nessa obra Agostinho, diante da derrota que Roma sofreu pelos visigodos de Alarico, em 410, faz frente às críticas de pagãos que sustentavam a invencibilidade do Império enquanto este permanecesse cristão.

[5] Pois tudo é uno [neles] lá onde não se encontra oposição de relação" (Denzinger, 2007, p. 366-367). Entretanto, veremos adiante que essa frase é atribuída a Santo Anselmo, considerado como o máximo expoente da orientação agostiniana (Kloppenburg, 2001, p. 113).

Já com relação às contribuições provenientes da escolástica, aqui retomamos as reflexões de Boécio, Santo Anselmo, Ricardo de São Vítor e São Tomás de Aquino. Partindo do leigo Boécio (475-524), reiteramos ser dele a expressão *"rationalis naturae individua substantia"* (que pode ser traduzida como "a incomunicável substância da natureza racional"), muito tempo depois utilizada por Ricardo de São Vítor em sua compreensão trinitária. Antes dele, porém, surgiu o monge beneditino Anselmo (1033-1109), autor da célebre fórmula referida durante o Concílio de Florença, em 1442, *"in Deo omnia sunt unum, ubi non est relationis oppositio"*, traduzida como "em Deus tudo é um sempre e quando não houver oposição de relação" (Denzinger, 2007, p. 366-367).

Santo Anselmo também conceituou o termo *pessoa* como uma substância racional, no que foi seguido por Ricardo de São Vítor (+1172). Entretanto, esse monge beneditino foi além, afirmando que essa Pessoa tem o que caracterizou como uma propriedade individual, singular e incomunicável, que seria a realidade das Pessoas reciprocamente distintas. Nesse sentido, aproveitamos novamente a lição de Kloppenburg, destacando que Ricardo de São Vítor inaugura as diversas propriedades das Pessoas com as origens particulares do próprio ser:

> o Pai é diverso do Filho e do Espírito Santo porque diferente é seu modo de obter a natureza divina. Ele só tem o ser por si e não o recebe de nenhum outro: é princípio não originado. As outras duas pessoas têm o modo de existir do ser eterno, mas não de si mesmas. O Filho e o Espírito Santo procedem do Pai não processível e não nascível mas de modo diverso e próprio. O Filho é gerado, portanto processível e nascível e é com o Pai causa e origem do Espírito, que por isso não pode ser chamado Filho, pois não precede também do Filho e não pode ser chamado Filho do Filho porque procede do Pai. (Kloppenburg, 2001, p. 111)

Ainda no âmbito da escolástica, precisamos retomar a referência a São Tomás de Aquino (1225-1274), que, segundo Kloppenburg (2001), relevantemente contribuiu para melhor esclarecer o conceito de pessoa, compreendendo que não deve ser aplicado somente à natureza ou substância, como fizera Boécio, mas também às relações, justamente por considerar que a pessoa pode ser uma substância racional ou também uma relação subsistente. Dessa forma, na Trindade ocorrem unicamente a paternidade, a filiação e a espiração passiva, que são três relações subsistentes e, por isso, três Pessoas (Kloppenburg, 2001, p. 119).

Buscando melhor elucidar a conclusão à qual Kloppenburg (2001, p. 120) chega quanto à doutrina trinitária desenvolvida por São Tomás de Aquino, devemos ressaltar que, para esse escolástico, as processões constituem Pessoas que, simultaneamente, são idênticas pela essência e distintas em virtude das relações subsistentes, nestas havendo oposição recíproca, do contrário não haveria que se falar em Pessoa divina. Dessa forma,

> Em Deus se opõem realmente apenas as relações de origem, as quais se opõem como princípio e termo. E porque o Espírito Santo se distingue pessoalmente do Filho, deve-se reconhecer entre eles uma relação de origem, isto é, o Espírito Santo procede do Filho no mesmo modo que se origina do Pai. O Espírito não pode proceder somente do Pai, mas também do Filho. (Kloppenburg, 2001, p. 120-121)

Todavia, é muito importante destacarmos que o Espírito Santo procede de ambos como um único princípio, e não como dois princípios distintos, pois "O Pai e o Filho são um só, em tudo o que a oposição de relação não os distingue entre si. Ora, o serem o princípio do Espírito Santo não os opõe relativamente. Donde se segue que o Pai e o Filho são o mesmo princípio do Espírito Santo" (Aquino, 2016, p. 606-609).

Como conclusão a respeito da categoria *relação*, podemos aproveitar as palavras de Boff (2008, p. 21), para quem

> o modo como o Espírito é pessoa é bem diferente do modo como o Filho é pessoa e do modo como o Pai é pessoa. Assim, a pessoa

do Pai é sua relação (de paternidade) com o Filho, e vice-versa. Já a pessoa do Espírito Santo não é apenas a relação com o Pai e com o Filho, mas é a "relação das relações" entre o Pai e o Filho, sendo o sopro comum dos dois.

Na sequência, vamos consolidar o estudo até aqui realizado por meio de uma ilustração das Pessoas trinitárias com base em suas relações.

4.5 As relações entre as Pessoas trinitárias

Vimos que, por meio da categoria *relação*, uma Pessoa divina posta-se diante das outras, destas se diferenciando. Em outras palavras, no seio da unidade de substância, as Pessoas trinitárias são distintas entre si a partir das relações que estabelecem, como ilustra a Figura 4.1.

Figura 4.1 – Distinções das Pessoas trinitárias, com base nas relações estabelecidas

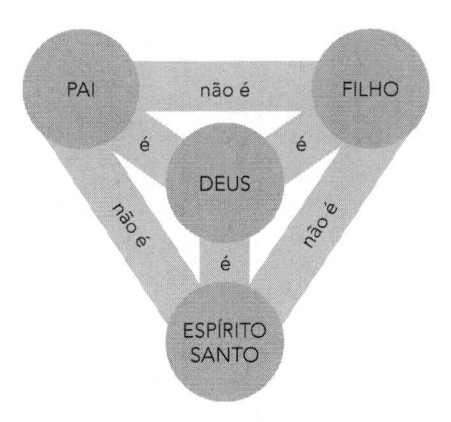

[Diagrama: triângulo com PAI, FILHO e ESPÍRITO SANTO nos vértices e DEUS no centro; entre PAI e FILHO "não é"; entre PAI e ESPÍRITO SANTO "não é"; entre FILHO e ESPÍRITO SANTO "não é"; cada Pessoa "é" DEUS]

Cada relação supõe e exige as outras, ou seja, trata-se de um caminho de mão dupla. Todavia, a "matemática trinitária" não reflete a matemática que conhecemos, ou seja, não podemos incorrer no equívoco de pensar que, por se tratar de três Pessoas, há seis relações. No estudo da Trindade, como já mencionamos, quatro são as relações estabelecidas:

1. Paternidade, isto é, relação do Pai para com o Filho.
2. Filiação, isto é, a relação do Filho para com o Pai.
3. Espiração ativa, que é a relação do Pai, por meio do Filho, para com o Espírito Santo.
4. Espiração passiva, que é a relação do Espírito Santo para com o Pai e o Filho.

É importante destacarmos a advertência de Oliveira (2017, p. 57), para quem as relações estabelecidas entre as três hipóstases não emanam da substância divina. Ao reintroduzirmos o pensamento de Boff (2008), aqui já elucidado, concluímos que as três Pessoas não subsistem em si mesmas (*in se*), mas brotam da relação com a outra Pessoa e entre si, reciprocamente. Por fim, podemos arrematar o raciocínio desta seção com o próprio Santo Agostinho, segundo o qual "na Trindade, o que se refere ao específico de cada Pessoa não pode ser dito de toda ela. Cada Pessoa e o específico dela (a relação) 'não é a Trindade, mas está na Trindade'" (Agostinho, 1994, p. 204-206).

4.6 Retomando a Pericórese

Já vimos que a palavra *Pericórese* deriva do termo grego *perikhóoreesis* e significa "girar em redor", sendo traduzida para o latim como *circuminsessio* (com "s") e, às vezes, *circumincessio* (com "c").

Segundo Boff (2008, p. 21), o termo grego tem uma conotação dinâmica, indicando "um com o outro" ou mesmo "um para e pelo outro", podendo ser traduzido como "enlace", "intercomunhão", "mútuo envolvimento", "abraço"; o termo latino, por sua vez, aponta para uma ordem estática, indicando "um no outro", podendo ser traduzido como "inabitação mútua", "imanência recíproca", "inerência", "inexistência". Os dois significados conjugados designariam, portanto, o entrelaçamento ou inter-relação existente entre as três Pessoas divinas, daí porque retomamos o estudo da Pericórese neste ponto[6].

Fazemos referência ao conceito de Pericórese porque estamos evidenciando a inter-relação trinitária, o que direciona nossa atenção justamente para a entrega recíproca que as três Pessoas ontologicamente paritárias realizam do todo no próprio Ser. A doação propicia a comunhão e é por meio desta que, como enunciado no Concílio de Florença, em 1442, "o Pai é tudo no Filho, tudo no Espírito Santo; o Filho tudo no Pai, tudo no Espírito Santo; o Espírito Santo é tudo no Pai, tudo no Filho".

Outrossim, com base na leitura de Kloppenburg (2001), podemos afirmar que esse entrelaçamento ou inter-relação evidencia a terceira verdade da vida trinitária, que consiste na ponte entre a unidade e a trindade por meio de um profunda comunhão de amor que prepondera entre os três divinos e da qual somos convidados a participar, conforme veremos mais detalhadamente no Capítulo 6 deste livro.

---

6 Para aprofundamento do tema, sugerimos a leitura de Leonardo Boff (1987, p. 121-122, 169-172) e Del Cura Elena (1998, p. 694-699).

4.7 As três Pessoas divinas

Tendo esclarecido que são as relações entre as Pessoas divinas que propiciam a distinção entre elas, podemos passar à análise de cada uma, em verdade resgatando aspectos já abordados.

A primeira Pessoa da Santíssima Trindade é o Pai. Esse Pai ao qual nos referimos não está encerrado no sentido da oração que Jesus nos ensinou, ou seja, não estamos tratando do "Pai Nosso", mas, especificamente, do Pai do Filho, revelado por Jesus no Novo Testamento, considerando que "Jesus revelou que Deus é 'Pai' num sentido inaudito: não o é somente como Criador, mas é eternamente Pai em relação ao seu Filho único, o qual, eternamente, só é Filho em relação ao Pai" (CIC, n. 240). Falamos do Pai do Filho porque aqui importa, justamente, a relação de paternidade Daquele para com Este. Assim, afirma São Tomás de Aquino que "o que distingue a Pessoa do Pai de todas as outras é a paternidade" (Aquino, 2016, p. 565-568).

Além dessa relação, precisamos ressaltar que a primeira Pessoa da Trindade é "princípio sem princípio", a origem primeira de tudo, do qual procedem as outras duas Pessoas. Já a segunda Pessoa da Santíssima Trindade é designada como Filho, justamente em decorrência da relação de filiação com a primeira Pessoa, largamente referida no Novo Testamento e aqui maiormente estudada no Capítulo 2. Vale lembrar, ainda, que Jesus "distinguiu a sua filiação da dos Seus discípulos, nunca dizendo 'nosso Pai', exceto quando lhes ensinou a rezar (CIC, n. 443).

Ao resgatarmos a lição contida no Capítulo 2, sabemos que "os Evangelhos narram em dois momentos solenes – o Batismo e a Transfiguração de Cristo – a voz do Pai a designá-lo como seu 'Filho bem-amado'" (CIC, n. 444), também informando que Jesus designa a si mesmo como o 'o Filho único de Deus' (Jo 3,16). Vimos que o Pai é ingênito, incriado, não gerado.

Por sua vez, o Filho procede do Pai e essa processão é denominada *geração*, a qual decorre da operação do intelecto de Deus. O Filho também é denominado *Verbo* e identificado como imagem, que são noções trinitárias da segunda Pessoa, porém não distintas. No primeiro caso, João atesta que "no princípio era o Verbo, e o Verbo estava junto de Deus e o Verbo era Deus" (Jo 1,1), para adiante destacar que "o Verbo se fez carne e habitou entre nós, e vimos sua glória, a glória que o Filho único recebe do seu Pai, cheio de graça e de verdade" (Jo 1,14). Quanto à condição de imagem, João nos remete a outra passagem, na qual Jesus afirma que "Aquele que me viu viu também o Pai" (Jo 14,9), numa constatação de que Ele é a imagem visível de Deus invisível.

Já a terceira Pessoa da Santíssima Trindade é denominada *Espírito Santo*, que procede do Pai e do Filho, tendo como funções principais proclamar a verdade[7] e santificar as almas[8], e como propriedade a de encerrar a liberdade [9], o amor[10] e a vida[11]. Especificamente com relação ao amor, já destacamos a lição de São Tomás de Aquino, que distingue o amor em uma dupla ação, essencial ou nocional, sendo a primeira indicativa das três Pessoas, a segunda alusiva exclusivamente à terceira Pessoa (Aquino, 2016, p. 610-616). A distinção entre o Espírito Santo e as outras duas Pessoas da Trindade decorre de sua relação de oposição ao Pai e ao Filho, configurando a subsistência de um amor recíproco entre ambos, reciprocidade esta que justifica a *Filioque*.

Novamente aproveitando as lições deixadas por Tomás de Aquino (2016, p. 612), cabe destacar:

> o amor do Pai por si mesmo e pelo Filho, sendo uma única dileção, e inversamente, implica em ser o Espírito Santo, como Amor, uma

---

7 "Quando vier o Paráclito, o Espírito da Verdade, ele vos ensinará toda a verdade, porque não falará por si mesmo, mas dirá o que ouvir, e vos anunciará as coisas que virão" (Jo 16,13).
8 At 2,17; At 2,38; At 4,8-39; At 10,44-47.
9 "Onde está o Espírito do Senhor, aí está a liberdade" (2Cor 3,17).
10 "A Lei do Espírito de Vida me libertou" (Rm 8,2).
11 "Fruto do Espírito é o amor" (GL 5,22).

relação entre o Pai e o Filho e vice-versa, como entre o amante e o amado. Mas por isso mesmo que o Pai e o Filho mutuamente se amam, é necessário que de ambos proceda ao Espírito Santo, que é o mútuo Amor.

Por isso, o Espírito Santo também é nomeado como *dom*, sendo que dele procedem, por excelência, os outros dons: sabedoria, inteligência, conselho, fortaleza, ciência, piedade e temor de Deus.

Síntese

Neste capítulo, desenvolvemos o estudo acerca do termo *pessoa* sob as perspectivas terminológica, humana e trinitária. Com base nesses desdobramentos, buscamos esclarecer que o título do capítulo não compreende dois assuntos distintos, mas, justamente, sugere o que podemos considerar como o coração do mistério trinitário, atinente à constatação de que a categoria *relação* serve de fundamento para a distinção das Pessoas no seio da Trindade. Prosseguindo, apresentamos a reflexão doutrinária sobre a mencionada categoria, ilustrando as Pessoas divinas a partir das relações subsistentes.

Por fim, discorremos novamente sobre a Pericórese, entendida como desdobramento da categoria *relação*. O fechamento da discussão se centrou na abordagem de cada uma das Pessoas divinas.

Indicações culturais

Para uma compreensão mais ampla sobre a terceira Pessoa da Trindade, recomendamos a leitura das encíclicas papais referenciadas a seguir.

JOÃO PAULO II, Papa. **Dominum et Vivificantem**. Roma, 18 maio 1986. Disponível em: <http://w2.vatican.va/content/john-paul-ii/pt/encyclicals/documents/hf_jp-ii_enc_18051986_dominum-et-vivificantem.html>. Acesso em: 28 mar. 2020.

LEÃO XIII, Papa. **Divinum Illud Munus**. Roma, 9 maio 1897. Disponível em: <http://w2.vatican.va/content/leo-xiii/es/encyclicals/documents/hf_l-xiii_enc_09051897_divinum-illud-munus.html>. Acesso em: 28 mar. 2020.

Atividades de autoavaliação

1. Em Deus, há:
   a) uma substância divina, duas processões, três hipóstases, quatro relações e cinco noções.
   b) uma hipóstase, duas processões, três substâncias divinas, quatro relações e cinco noções.
   c) uma substância divina, duas processões, três hipóstases, quatro noções e cinco relações.
   d) uma hipóstase, duas processões, três substâncias divinas, quatro noções e cinco relações.
   e) uma noção, duas relações, três substâncias divinas, quatro hipóstases, cinco processões.

2. Assinale a alternativa correta:
   a) *Pessoa* vem do latim *personare*, termo grego que designava a máscara usada pelos atores no teatro.
   b) No latim, o termo *pessoa* era traduzido como *prósopon*.
   c) Para designar a distinção entre as Pessoas da Trindade, os latinos usavam o termo *persona*, e não o termo grego *hypóstasis*.
   d) O termo *persona* foi admitido por Basílio, que o introduziu na terminologia trinitária com equiparação semântica à *hypóstasis*.
   e) O termo *prósopon* foi admitido por Basílio, que o introduziu na terminologia trinitária com equiparação semântica ao termo *hypóstasis*.

3. Assinale a alternativa correta quanto à categoria *processão*:
   a) Em Deus, há somente duas processões.
   b) Em Deus, há mais de duas processões.
   c) Em Deus, há uma processão do Verbo, denominada *espiração*.
   d) Em Deus, não há outra processão, além da geração do Verbo.
   e) Além da geração, há outra processão, também denominada *geração*.

4. Assinale a alternativa correta quanto às categorias *relação* e *noção*:
   a) O conceito de relação foi desenvolvido por Santo Agostinho, mas as relações foram previamente referidas pelos Padres Capadócios.
   b) Quatro são as relações estabelecidas: paternidade, filiação, espiração ativa e espiração passiva.
   c) Deus é Pai, é Filho e é Espírito Santo, mas o Pai não é o Filho e o Filho não é o Pai, assim como o Pai não é o Espírito e o Espírito não é o Pai; igualmente, também o Filho não é o Espírito e o Espírito não é o Pai.
   d) O termo *noção* designa características específicas que propiciam o conhecimento das Pessoas trinitárias nelas mesmas, uma diferente da outra.
   e) Todas as alternativas são corretas.

5. Indique se as afirmações a seguir são verdadeiras (V) ou falsas (F):
   ( ) O Filho procede do Pai por geração.
   ( ) Para os latinos, o Espírito Santo procede do Pai e do Filho.
   ( ) Para os gregos, o Espírito Santo procede do Pai, por meio do Filho.
   ( ) Para os gregos, o Espírito Santo procede do Pai e do Filho.
   ( ) Para os latinos, o Espírito Santo procede do Pai, por meio do Filho.

Agora, assinale a alternativa que corresponde corretamente à sequência obtida:
a) V, F, F, V, V.
b) V, V, V, F, F.
c) F, V, V, F, F.
d) F, F, F, V, V.
e) V, V, F, F, V.

Atividades de aprendizagem

Questões para reflexão

1. A doutrina identifica distinções entre a teologia ocidental e a oriental, não apenas em relação à questão da *Filioque*. Pesquise e descreva a distinção encontrada.

2. Pesquise a distinção entre São Boaventura e São Tomás de Aquino quanto à constituição das Pessoas trinitárias.

Atividades aplicadas: prática

1. Pesquise e ilustre, por meio de um quadro comparativo, a contraposição entre os modelos de compreensão trinitária desenvolvidos pelos padres gregos e latinos e o modelo segundo o qual a teologia moderna analisa a Trindade.

2. Pesquise e discorra brevemente sobre a teologia trinitária desenvolvida pelo evangélico Jürgen Moltmann.

5
Propriedades e missão

Prosseguindo no estudo da Trindade, tendo por base a estrutura do Catecismo da Igreja Católica (CIC), até este ponto já analisamos a Trindade como mistério central de nossa fé cristã, de que modo ocorreu a revelação desse mistério e de que maneira a Igreja chegou à formulação da doutrina trinitária. No Capítulo 4, tratamos das relações entre as Pessoas divinas, no seio da intimidade imanente da Trindade, em dimensão *ad intra*, identificando a paternidade do Pai em relação ao Filho, a filiação do Filho em relação ao Pai, a espiração de ambos em relação ao Espírito e a processão deste em relação àqueles. Porém, precisamos considerar que a Trindade também se relaciona para fora de sua imanência, numa dimensão *ad extra*, o que já denominamos de *Trindade econômica*.

Neste capítulo, com base no estudo das propriedades, teceremos um excurso sobre a categoria *noção*, que também compreende todos aqueles elementos relacionais já verificados no Capítulo 4 – paternidade, filiação, espiração e processão –, mas agrega um quinto item nocional (inascibilidade), para daí estabelecermos um cotejo entre todas essas categorias trinitárias. Na sequência, buscaremos esclarecer como "pelas missões divinas do Filho e do Espírito Santo, Deus Pai realiza o seu 'desígnio de benevolência' de criação, redenção e santificação" (CIC, n. 235). Em outras palavras, trataremos das propriedades e missões no âmbito da Santíssima Trindade (CIC, n. 257-259).

5.1 Desdobramentos decorrentes da categoria *relação*

Examinamos, na Seção 4.7, a distinção entre as três Pessoas divinas, que se constitui na causa das relações entre elas estabelecidas. Em decorrência da reflexão sobre a categoria *relação*, podemos aqui elencar dois axiomas trinitários respectivamente fixados pelos concílios ecumênicos de Florença e Latrão (IV): o comutativo trinitário imanente e o comutativo trinitário econômico.

Vamos, doravante, analisar cada um desses axiomas, buscando fixar o sentido neles contido.

5.1.1 O comutativo trinitário imanente

O primeiro axioma trinitário, defendido durante o Concílio de Florença e decorrente da categoria *relação*, estabelece que "para dentro

[Trindade imanente], tudo é comum entre os Divinos Três, menos o que se refere às relações recíprocas"[1].

Assim, há características que são comuns a todas as Pessoas divinas, sendo denominadas *atributos divinos ousiânicos* ou *substanciais*, já que se referem à substância única. De modo exemplificativo, podemos citar a eternidade e a onipotência, entre outras.

Apropriações

Os atributos essenciais, relativos à substância comum, podem ser apropriados de modo prevalente por uma das três Pessoas em específico. Isto é, segundo leciona Clodovis Boff (2008, p. 22), tais atributos comuns podem ser tanto atribuídos a uma Pessoa em particular como apropriados por uma delas como coisa sua, porém não exclusiva. Tais atribuições são justificadas por uma maior afinidade para com as respectivas Pessoas, naquilo que lhe é distintivo em relação às demais.

Para facilitar a compreensão, podemos considerar que os atributos serviriam como uma roupa, que pertence a cada uma das três Pessoas divinas e lhe serve, mas veste melhor numa delas. Assim, há atributos que melhor convêm ao Pai, outros ao Filho, e outros ao Espírito Santo, o que é demonstrado tanto pela Sagrada Escritura quanto pelo Magistério da Igreja, pela Liturgia e até mesmo pela devoção popular.

Na Sagrada Escritura, o modo como as três Pessoas são nomeadas evidencia essa apropriação ou atribuição, quando se empregam os termos *Deus* para o Pai, *Senhor* para o Filho e *Espírito* para o Sopro Santo, apesar de cada uma dessas Pessoas ser Deus, Senhor e Espírito. No Magistério da Igreja, o Papa Leão XIII afirmou, na carta encíclica *Divinum Illud Munus*, que "a Igreja [...] costuma atribuir: ao Pai as obras nas quais sobressai a potência; ao Filho, aquelas em que

---

[1] Posição sustentada durante o Concílio de Florença, em 1442, "*In divinis omnia sunt unum ubi non obviat relationis oppositio*" (Denzinger, 2007, p. 366); porém, como já mencionamos anteriormente, foi Santo Anselmo quem primeiramente formulou tal princípio.

excede a sabedoria; e ao Espírito Santo, aquelas em que se destaca o amor (Denzinger, 2007, p. 716). Na Liturgia, as apropriações mais convenientes a cada uma das Pessoas divinas sobressaem em orações, segundo a necessidade de nossa alma[2]. No âmbito da devoção popular, tais apropriações ajudam a melhor entender a predileção que cada uma das Pessoas da Trindade inspira, o que, aliás, se reflete em festas populares. Como exemplo, podemos citar a Festa do Divino, que evidencia a devoção ao Espírito Santo.

É importante enfatizar, por fim, que tais atributos são apropriações, pois cada uma das Pessoas trinitárias deles se apropria, mas o caráter comum do que foi apropriado continua conservado em todas as demais.

Propriedades

Além dos atributos ousiânicos, que, como vimos, são comuns às três Pessoas mas cada qual apropriado por uma delas de forma prevalente, também precisamos observar que cada Pessoa apresenta um campo privativo (exceto no tocante às relações recíprocas), com atributos pessoais ou hipostáticos exclusivos. Tais propriedades específicas decorrem do modo de proceder das Pessoas divinas (geração e espiração), sendo possível extrair as seguintes conclusões:

- Somente o Pai é **não gerado**.
- Apenas o Filho é **gerado**.
- Somente o Espírito Santo é **espirado** pelo Pai e Filho

---

[2] Como exemplo, podemos citar a oração específica ao Espírito Santo: "Vinde, Espírito Santo, enchei os corações dos vossos fiéis e acendei neles o fogo do vosso amor. – Enviai o vosso Espírito e tudo será criado. – E renovareis a face da terra. Oremos: Ó Deus, que instruísse os corações dos vossos fiéis com a luz do Espírito Santo, fazei que apreciemos retamente todas as coisas segundo o mesmo Espírito e gozemos sempre de sua consolação. Por Cristo, Senhor nosso. Amém" (Bíblia, 2007, p. 2).

Como consequência, no que diz respeito às propriedades específicas *ad intra*, no interior da Trindade, podemos definir:

- A propriedade do Pai é **gerar o Filho**.
- A propriedade do Filho é **ser gerado pelo Pai**.
- A propriedade do Espírito Santo é **proceder do Pai e do Filho**, como expressão de amor, no gesto de querer bem.

Ensina Kloppenburg (2001) que cada uma das Pessoas apresenta uma única propriedade, por meio da qual se dá a conhecer, principalmente, e, sendo três as Pessoas divinas, apenas três são as propriedades pessoais, sintetizadas no Quadro 5.1.

Quadro 5.1 – Propriedades das Pessoas divinas

É próprio do	Ser
Pai	Inascível e ingênito, princípio sem princípio anterior. Inascibilidade, caracterizando-o pelo modo da negação.
Filho	Imagem, configurando-se uma semelhança expressa. Verbo, configurando-se uma semelhança expressiva. Filho, configurando-se uma semelhança hipostática.
Espírito Santo	Dom, como uma dádiva voluntária. Nexo ou caridade do Pai e do Filho, como uma dádiva voluntária e principal. Espírito Santo, como uma dádiva voluntária, principal e hipostática.

Concluído o estudo do primeiro axioma decorrente da categoria *relação* (o comutativo trinitário imanente), alusivo aos atributos ousiânicos, mas que não afastam as apropriações e as propriedades peculiares a cada uma das Pessoas trinitárias, passemos ao segundo axioma, o comutativo trinitário econômico.

5.1.2 O comutativo trinitário econômico

Precisamos considerar que a Trindade também se relaciona para fora de sua imanência, numa dimensão *ad extra*, caracterizando-se o que chamamos de *Trindade econômica*.

Assim como o primeiro, o segundo axioma trinitário também decorre da categoria *relação*, visto que "para fora [Trindade econômica], todas as ações da Trindade são comuns"[3]. Nesse contexto relacional, podemos afirmar, ao acompanhar o Catecismo da Igreja Católica, que "toda a economia divina é obra comum das três pessoas divinas" (CIC, n. 258). Como desdobramento dessa comunhão operativa, o mesmo item catequético informa que a Trindade tem uma e mesma operação, assim como uma e mesma natureza[4]. Prosseguindo na análise, concluímos que, do ponto de vista da criação, Pai, Filho e Espírito Santo são um único princípio, e não três[5].

Com base nesse entendimento, vamos explorar, na sequência, as apropriações e propriedades da Trindade econômica, aqui utilizadas como termos sinônimos.

Apropriações/propriedades

Apesar de a ação de apropriação ser produzida em colaboração, aqui também cada uma das Pessoas pode se apropriar de uma ação em particular, pois "cada pessoa divina realiza a obra comum segundo a sua propriedade pessoal" (CIC, n. 258).

---

[3] Posição sustentada pelo IV Concílio de Latrão, em 1215: "*Operationes divinae ad extra communes sunt tribus personis*" (Denzinger, 2007).

[4] Seguindo o II Concílio de Constantinopla (ano 553), *Anathematismi de tribus Capitulis* (Denzinger, 2007).

[5] Conforme postulado pelo Concílio de Florença, *Decretum pro Incobitis* (ano 1442) (Denzinger, 2007).

A Igreja reitera que toda a economia divina é, simultaneamente, obra comum e pessoal, por meio da qual conhecemos não apenas a única natureza como também a propriedade de cada Pessoa divina (CIC, n. 259). Desse modo, ao explicar a Trindade pela ação externa, avultam as seguintes propriedades, concernentes a cada Pessoa:

- A propriedade do Pai consiste na criação.
- A propriedade do Filho consiste na salvação.
- A propriedade do Espírito Santo consiste na santificação.

A seguir, vamos retomar os dois axiomas (comutativo trinitário imanente e comutativo trinitário econômico) a fim de alcançar uma reflexão conjugada de ambos.

5.2 Conjugando as propriedades no interior e no exterior da Trindade

Em razão de tudo o quanto expusemos até agora, assim podemos resumir as propriedades no interior (*ad intra*, em um comutativo trinitário imanente) e no exterior (*ad extra*, em um comutativo trinitário econômico) da Trindade de modo conjugado:

> É próprio do Pai ser a fonte e sua ação própria do pai é a criação. É próprio do Filho encarnar-se e sua ação própria do pai é a redenção. É próprio do Espírito Santo habitar no justo e sua ação própria do pai é a santificação. Entretanto, o Pai cria pelo Filho, na força transformadora do Espírito Santo. O Filho redime enquanto enviado pelo Pai e conduzido pelo Espírito. O Espírito que habita

nas pessoas justas é o Espírito do Pai e do Filho. Por isso, podemos concluir que a Trindade é o único sujeito de todas as ações divinas no universo. (Oliveira, 2017, p. 58)

O estudo dos dois axiomas decorrentes da categoria *relação* culminou no estudo das propriedades, que é o primeiro objetivo deste capítulo. Passemos, doravante, ao estudo de uma outra importante categoria para o estudo trinitário, qual seja, a categoria *noção*, cuja compreensão só é possível com base naquela categoria já estudada no Capítulo 4.

5.3 A categoria *noção*

No Capítulo 4, vimos que uma substância atua em três hipóstases, as quais, por sua vez, estabelecem entre si quatro relações, das quais emanam duas processões. Neste capítulo, já descrevemos as propriedades de cada uma das Pessoas divinas e, agora, podemos avançar na análise das duas processões, das quais decorrem a missão do Filho e a do Espírito Santo. Antes, porém, de adentrarmos no estudo dessas missões, vamos tratar das noções ou características exclusivas relacionadas às Pessoas trinitárias.

Explica Kloppenburg (2001, p. 66) que o termo *noção* designa "características que permitem conhecer as Pessoas trinitárias nelas mesmas, uma diferente da outra". De modo elucidativo, São Tomás de Aquino assim se pronuncia acerca da existência de cinco noções:

> A noção é a razão pela qual se conhece uma pessoa divina. Ora, é a origem que multiplica as pessoas divinas, e uma origem comporta um princípio, do qual procede o outro, e um termo, o que procede do outro. Segundo esses dois modos pode-se conhecer uma pessoa. A pessoa do Pai não pode ser conhecida como a que procede de outro, mas como a que não procede de nenhum outro.

Sob esse aspecto, a noção é a inascibilidade. Enquanto alguém procede dele, ele é conhecido de dois modos; enquanto o Filho procede dele, é conhecido pela noção de paternidade; e enquanto o Espírito Santo procede dele, pela noção de espiração comum, o Filho pode ser conhecido pelo fato de que procede de outro por nascimento: e assim é conhecido por filiação. E, pelo fato de que há um outro que procede dele, o Espírito Santo, é conhecido do mesmo modo que o Pai, a saber, pela espiração comum. Quanto ao Espírito Santo, ele pode ser conhecido pelo fato de que procede de um outro ou de outros: assim é conhecido pela processão. Mas não pelo fato de que outro proceda dele, pois que nenhuma pessoa procede dele. – Há, portanto, cinco noções em Deus: a inascibilidade, a paternidade, a filiação, a espiração comum e a processão. (Aquino, 2016, p. 570)

Desse trecho extraímos que o termo *noção* designa o próprio motivo pelo qual conhecemos as Pessoas da Trindade. Ao considerarmos a origem da Pessoa divina, identificamos dois modos básicos: originar e ser originada, de onde vem (princípio) e para onde vai (termo). Nesse sentido, São Tomás elenca cinco noções, que analisaremos doravante.

5.3.1 As noções do Pai, do Filho e do Espírito Santo

Partindo da origem como princípio (de quem origina), podemos conhecer o Pai, que não é gerado de ninguém, pela noção de inascibilidade, isto é, o Pai não é originado, mas dá origem. Assim, partindo da origem como termo (a quem origina), o Pai gera o Filho, daí sendo conhecido pela noção de paternidade. E, como dele, junto com o Filho, também procede o Espírito Santo, configura-se a noção (conhecimento do Pai) de espiração comum. Portanto, com relação ao Pai, identificamos três noções aplicáveis que permitem assim conhecê-lo: a **inascibilidade**, a **paternidade** e a **espiração comum**.

Ainda considerando a origem como princípio (de quem origina), vemos que o Filho é gerado do Pai, sendo conhecido, por isso, pela noção de filiação. Por sua vez, na origem quanto ao termo (a quem origina), do Filho, junto com o Pai, também procede o Espírito Santo, disso decorrendo a noção de espiração comum. Assim, com relação ao Filho, identificamos duas noções aplicáveis que permitem assim conhecê-lo: a **filiação** e a **espiração comum**.

Embora o Pai seja conhecido por três noções e o Filho por duas, a espiração comum, como o próprio nome indica, é comum a ambos, o que nos leva a constatar, até este ponto, apenas quatro noções. A quinta noção provém justamente do Espírito Santo. Partindo da origem como princípio (de quem origina), vemos que ele procede da espiração comum do Pai e do Filho, daí sendo conhecido pela noção de **processão**. Se considerada a origem como termo (a quem origina), do Espírito Santo ninguém procede, não havendo a necessidade de uma noção para especificar esse modo de conhecê-lo.

5.3.2 Cotejando noções com relações e propriedades

Se observarmos atentamente as cinco noções pelas quais as Pessoas divinas são conhecidas, identificaremos que quatro delas correspondem à própria categoria *relação*, no caso, a paternidade, a filiação, a espiração e a processão. Assim, recapitulando, afirmamos que a paternidade é a noção relacionada ao Pai e a filiação é a noção relacionada ao Filho. Por sua vez, a espiração (também denominada *espiração ativa*) é uma noção pertinente ao Pai e ao Filho; a processão (também denominada *espiração passiva*) é a noção atribuída ao Espírito Santo. A quinta noção (inascibilidade), alusiva à primeira Pessoa trinitária, não corresponde a uma relação, por se tratar de uma negação a qualquer das outras Pessoas. Isto é, o Pai e o Filho são originados por relações com o Pai, que, todavia, não se origina de nenhuma relação e, portanto, é inascível, outro modo de conhecimento da primeira Pessoa.

Feitas essas considerações quanto às categorias *relação* e *noção*, buscando cumprir o objetivo desta seção, vamos proceder à análise dessas categorias em cotejo com as propriedades trinitárias. Assim, consideradas a partir do vínculo estabelecido entre as Pessoas, quatro noções (paternidade, filiação, espiração comum, processão) são relações. Além disso, das cinco noções, quatro delas são propriedades das Pessoas, designando aquilo que é próprio de cada uma e só a ela pertencente. No caso da espiração comum, justamente por ser comum às duas Pessoas (Pai e Filho), ou seja, não específica de uma delas, não é considerada propriedade. Com isso, podemos estabelecer o comparativo entre relações, noções e propriedades apresentado no Quadro 5.2.

Quadro 5.2 – Comparativo entre relações, noções e propriedades trinitárias

Pessoas	Relações	Noções	Propriedades
Pai	Paternidade	Inascibilidade	Inascibilidade
		Paternidade	Paternidade
Pai/Filho	Espiração comum	Espiração comum	
Filho	Filiação	Filiação	Filiação
Espírito Santo	Processão	Processão	Processão

Podemos perceber que três noções descrevem especificamente o que cada uma é e faz – paternidade, filiação e processão –, sendo por isso denominadas *noções propriamente constitutivas das Pessoas* (paternidade, filiação e processão). As outras duas noções não são constitutivas porque não reúnem as descrições *ser* e *fazer*: a inascibilidade diz algo do Pai, o que não implica um fazer; a espiração comum descreve um fazer, mas não um ser.

5.4 A missão sob a perspectiva teológica

Chegamos, agora, ao segundo grande objetivo deste capítulo, que é o estudo das missões, partindo do conceito de *missão*, termo que designa uma tarefa que precisa ser realizada, uma incumbência de alguém para outrem. No contexto teológico, recordemos a fórmula batismal contida no Evangelho de Mateus, quando Jesus diz aos seus discípulos:

> "Ide, pois, e ensinais a todas as nações; batizai-as em nome do Pai, do Filho e do Espírito Santo" (Mt 28,19).

A referida passagem bíblica recebe o título de "Novo envio dos discípulos", isso porque no referido Evangelho também consta outra referência aos primeiro doze discípulos que Jesus enviou em missão, assim dizendo:

> "Ide antes às ovelhas que se perderam da casa de Israel. Por onde andardes, anunciai que o Reino dos Céus está próximo. Curai os doentes, ressuscitais os mortos, purificai os leprosos, expulsai os demônios. Recebeste de graça, de graça dai" (Mt 10,6-8).

Notemos que, em ambas as passagens, Jesus conjuga os verbos no imperativo afirmativo, indicando um comando que deve ser seguido, dado por alguém para outrem. Da mesma forma, encontramos, ainda, o título de *envio*, que implica um deslocamento de um local para outro.

Essas duas considerações demandam a análise teológica da missão, como envio e em sua dupla correspondência, assunto tratado a seguir.

5.4.1 Missão como envio e sua dupla correspondência

No contexto trinitário, a missão consiste no envio de uma Pessoa divina à humanidade a fim de cumprir uma determinada atividade. Aqui, novamente, a palavra contempla alguém que recebe a incumbência (enviado), bem como a atividade temporal que deve realizar no mundo. Tendo isso em vista, São Tomás de Aquino, na resposta à questão 43 da parte I da *Suma teológica*, consagrou que "a razão de missão implica uma dupla correspondência: do enviado com quem o envia, e do enviado com o fim para o qual é enviado" (Aquino, 2016, p. 684).

Na primeira correspondência, a missão está associada à temática da processão e, sob tal perspectiva, ensina São Tomás de Aquino que "o fato de alguém ser enviado indica o modo pelo qual o enviado procede daquele que o envia" (Aquino, 2016, p. 684). Isso explica por que motivo a Doutrina da Trindade considera a existência de apenas duas missões, pertinentes ao Filho e ao Espírito Santo, pois vimos que eles procedem do Pai por geração e processão, respectivamente. Justamente porque o Pai não procede de ninguém, não pode ser por ninguém enviado. Ao contrário, no seio da Trindade, o Pai é a Pessoa que envia as demais, que dele procedem. De modo ilustrativo, temos a seguinte representação:

| O Pai apenas envia. | O Filho envia e é enviado. | O Espírito Santo apenas é enviado. |

Assim, ao Pai compete apenas o envio, tanto do Filho quanto do Espírito Santo. A este compete apenas ser enviado, pelo Pai e pelo Filho. Este último, por sua vez, tanto é enviado (pelo Pai) quanto envia (junto com Este, o Espírito Santo).

A missão também implica uma correspondência com o fim para o qual a Pessoa é enviada. Sob tal perspectiva, Kloppenburg (2001) defende que as missões decorrem de um ato especial de amor das Pessoas divinas para com a humanidade, visto que Deus (Pai, Filho e Espírito Santo) é amor e esse amor se manifesta "na obra da criação, em toda a história da salvação depois da queda, e nas missões do Filho e do Espírito, continuadas pela missão da Igreja" (CIC, n. 257). Ao abordar a temática das missões divinas, o Catecismo da Igreja Católica explicita que as duas missões consistem na encarnação do Filho e no dom do Espírito Santo, sendo que nelas se manifestam as propriedades das Pessoas divinas (CIC, n. 258)[6]. Vejamos, na sequência, cada uma dessas missões.

5.5 A missão do Filho

Se pensarmos a missão como uma tarefa a ser realizada e também como um envio, poderemos questionar: Se o Filho foi enviado por meio da encarnação, qual era sua incumbência antes disso? Essa pergunta

---

6 "Toda a economia divina é obra comum das três Pessoas divinas. Assim como não tem senão uma e a mesma natureza, a Trindade não tem senão uma única e a mesma operação".

também foi elaborada por Santo Agostinho, para quem, se o Filho foi enviado ao mundo porque saiu do Pai e então veio ao mundo (Jo 16,28), mas nele estava desde antes, pois o mundo foi feito por Ele (Jo 1,10), só pode ter sido enviado para onde já estava (Santo Agostinho, 1994).

Como resposta ao questionamento, Agostinho sustentou, fundamentado em Gálatas (Gl 4,4-5)[7], que a expressão "nascido de uma mulher" é empregada como distinção da processão por geração e, assim, "enquanto nasceu de Deus, encontrava-se já neste mundo; porém, enquanto nasceu de Maria, chegou a este mundo como enviado" (Agostinho, 1994, p. 77). Complementando a justificativa, Agostinho defendeu que o Filho foi denominado *enviado* porque se manifestou na carne, tendo sido enviado por quem desse modo não se manifestou. Portanto, como bem destaca Ladaria (2012, p. 245), *missão* é termo empregado como sinônimo de *manifestação*, por meio de uma visibilidade; logo, a missão do Filho consiste em sua encarnação, que é evento visível e irrepetível.

5.6 A missão do Espírito Santo

A mesma pergunta que formulamos quanto ao Filho poderia ser feita no que diz respeito ao Espírito Santo: Compreendendo a missão como uma tarefa a ser realizada e também como um envio, se o Espírito Santo foi enviado para a santificação, qual era sua incumbência antes disso? O Livro de Gênesis narra que, no princípio, Deus criou o céu e terra, a qual estava sem forma e vazia, com as trevas cobrindo o abismo "e o espírito de Deus se movia sobre a superfície das águas" (Gn 1,1-2).

---

[7] "Quando, porém, chegou a plenitude dos tempos, Deus enviou seu Filho, nascido de uma mulher, nascido sujeito à lei, para resgatar os que já estavam sujeitos à lei, a fim de recebermos a adoção filial."

Assim, desde a criação, o Espírito estava com Deus, mas, se ele foi enviado apenas no Pentecostes, então também foi enviado para onde já estava. Essa pergunta foi igualmente pensada e respondida por Santo Agostinho:

> Se, portanto, denomina-se o Filho – o Enviado – pelo fato de se ter tornado visível numa criatura corpórea aquele que sempre permanece oculto na sua natureza espiritual para os olhos dos mortais, torna-se fácil então entender por que o Espírito Santo é também denominado "enviado". Pois ele tornou-se igualmente, no tempo, uma espécie de criatura na qual pôde se revelar visivelmente. [...] Essa operação visível, oferecida aos olhos dos mortais, denominou-se missão do Espírito Santo, não porque se tenha manifestado em sua essência, que é invisível e incomunicável como a do Pai e a do Filho, mas para que os corações dos homens, comovidos por sinais exteriores, se voltassem – através da manifestação temporal daquele que veio –, para a eternidade oculta daquele que sempre está presente. (Agostinho, 1994, p. 80-81)

Desse modo, a missão do Espírito Santo reside na dispensação de dons, que guarda relação com manifestações visíveis que acompanharam sua vinda desde o Pentecostes até hoje.

5.7 A missão conjunta do Filho e do Espírito Santo

Na Carta de São Paulo aos Gálatas, podemos identificar, de modo conjugado, a missão do Filho e do Espírito Santo:

> Quando chegou a plenitude dos tempos enviou Deus a seu Filho, nascido de mulher, nascido sob a lei, para resgatar os que

se achavam sob a lei e para que recebêssemos a filiação adotiva. A prova de que sois filhos é que Deus enviou a nossos corações o Espírito do seu Filho que clama: 'Abbá, Pai'. (Gl 4,4-6)

Observemos que a mesma passagem faz referência aos dois envios para a humanidade, o de Jesus para a redenção e o do Espírito para nosso coração. Vimos que a missão do Filho reside em sua encarnação, evento pontual no tempo e no espaço, por ser irrepetível, ao passo que a missão do Espírito apresenta nuances de continuidade, pois ainda hoje atua entre nós, por meio de seus dons e carismas. Apesar da independência e distinção de cada missão, em razão de sua realização no espaço e no tempo, não podemos ignorar que ambas estão intimamente relacionadas. Assim, a missão do Filho e do Espírito é conjunta, visto que a terceira Pessoa da Trindade é inseparável das outras duas, tanto do ponto de vista imanente (em si) quanto no que diz respeito ao seu dom de amor pelo mundo (CIC, n. 689), o que é corroborado no documento magisterial da Igreja: "desde o princípio até à consumação do tempo, quando Deus envia seu Filho, envia sempre o seu Espírito", porque "a missão dos dois é conjunta e inseparável" (CIC, n. 743).

Sob tal perspectiva, apesar de ser Cristo quem aparece, como imagem visível do Deus invisível, é o Espírito quem o revela (CIC, n. 689). Por outro lado, é somente a partir da glorificação de Cristo (Jo 7,39) que Jesus pode, junto do Pai, enviar o Espírito aos que n'Ele creem, comunicando-lhes sua glória (Jo 17,22), ou seja, o Espírito Santo que O glorifica (Jo 16,14). A partir disso, a missão conjunta será desenvolvida nos filhos por adoção, pelo Pai no corpo de seu Filho, consistindo a missão do Espírito em uni-los a Cristo e fazê-los n'Ele viver.

Apesar de essas missões (encarnação e dispensação de dons) serem atos inerentes ao Filho e ao Espírito Santo, respectivamente, por se tratar de ações operadas para fora da Trindade imanente (*ad extra*), ambas são desejadas e operadas por todas as Pessoas, que, como ressaltamos, atuam conjuntamente na economia salvífica.

Ademais, a estreita conexão entre ambas as missões decorre da circunstância de terem idêntico propósito, a elevação do homem ao estado sobrenatural, inserindo-o na circulação da vida divina, que, como vimos na Pericórese, significa comunhão de intenso amor. Aqui atingimos a fio condutor para o derradeiro capítulo deste livro, que tratará dos reflexos sociais decorrentes da inserção humana na comunhão trinitária.

Síntese

Neste capítulo, examinamos os desdobramentos das propriedades e da missão na relação da Trindade com a humanidade. Para tanto, partimos da abordagem de dois axiomas decorrentes da categoria *relação*, anteriormente estudada no Capítulo 4, identificando a temática de apropriações e propriedades no âmbito dos comutativos trinitários imanente e econômico. Em continuidade, desenvolvemos um cotejo entre as categorias trinitárias de propriedade, relação e noção, destacando nas categorias cada uma das Pessoas divinas.

Na segunda parte do capítulo, avançamos no estudo das missões identificadas no seio da Trindade. Inicialmente, tratamos do termo *missão* sob a perspectiva teológica, como envio e em sua dupla correspondência – fundamentos na processão e na finalidade do envio. Em seguida, abordamos a missão do Filho (encarnação) e a do Espírito Santo (dispensação de dons), encerrando o debate com a análise de que ambas são desenvolvidas de modo conjunto, apesar de sua independência e distinção.

Indicação cultural

Para uma compreensão mais ampla sobre termos abordados neste capítulo, recomendamos a leitura da obra referenciada a seguir.

BEINERT, W.; STUBENRAUCH, B. **Novo léxico da teologia dogmática católica.** Tradução de Markus A. Hediger. Petrópolis: Vozes, 2015.

Atividades de autoavaliação

1. Indique se as afirmações a seguir são verdadeiras (V) ou falsas (F):
   ( ) Os comutativos trinitários imanente e econômico foram fixados pelos concílios ecumênicos de Latrão e Florença.
   ( ) O comutativo trinitário imanente corresponde à dimensão *ad intra*, que significa "para dentro" da Trindade.
   ( ) O comutativo trinitário econômico corresponde à dimensão *ad extra*, que significa "para fora" da Trindade.
   ( ) Pelo comutativo trinitário imanente, tudo é comum entre as três Pessoas divinas, menos o que se refere às relações recíprocas.
   ( ) Pelo comutativo trinitário econômico, todas as ações da Trindade são comuns.

   Agora, assinale a alternativa que corresponde corretamente à sequência obtida:
   a) F, F, F, F, F.
   b) V, V, V, V, V.
   c) F, V, F, V, F.
   d) V, F, V, F, V.
   e) F, F, F, V, V.

2. Assinale a alternativa correta com relação aos atributos divinos ousiânicos:
   a) Também são denominados *essenciais*, referentes à substância única, sendo exemplos a eternidade e a onipotência.

b) Determinados atributos relativos à substância comum podem ser apropriados de modo prevalente por uma das três Pessoas em específico.

c) Os atributos relativos à substância podem ser apropriados por uma Pessoa em particular como coisa própria dela, porém não exclusiva.

d) Podemos identificar tais atributos na Sagrada Escritura, no Magistério da Igreja, na Liturgia e na devoção popular.

e) Todas as alternativas estão corretas.

3. Com relação às propriedades específicas no interior da Trindade, assinale a alternativa correta:

a) Atributos hipostáticos decorrem do modo de proceder das Pessoas divinas.

b) Somente o Pai é não gerado, apenas o Filho é gerado, e somente o Espírito Santo é espirado pelo Pai e pelo Filho.

c) É propriedade do Pai gerar o Filho; é propriedade deste ser gerado pelo Pai; e é propriedade do Espírito Santo proceder daqueles.

d) Cada uma das Pessoas apresenta uma única propriedade, pela qual se dá a conhecer principalmente, e, sendo três as Pessoas divinas, apenas três são as propriedades pessoais.

e) Todas as alternativas estão corretas.

4. Indique se as afirmações a seguir são verdadeiras (V) ou falsas (F):

( ) Toda a economia divina é obra comum das três Pessoas divinas.

( ) A Trindade tem uma única operação, mas, nesse agir divino, cada Pessoa divina está presente conforme sua propriedade pessoal, o modo que lhe é próprio na Trindade.

( ) A economia divina é, simultaneamente, obra comum e pessoal.

( ) Explicando a Trindade pela ação externa, identificamos que as propriedades do Pai, do Filho e do Espírito Santo correspondem, respectivamente, à criação, à salvação e à santificação.

( ) A Trindade tem uma e mesma operação, assim como uma e mesma natureza. Em outras palavras, as três Pessoas divinas operam inseparáveis em sua única substância.

Agora, assinale a alternativa que corresponde corretamente à sequência obtida:
a) V, V, V, V, V.
b) F, F, F, V, V.
c) F, F, F, V, F.
d) V, V, V, V, F.
e) F, F, F, F, F.

5. Indique se as afirmações a seguir são verdadeiras (V) ou falsas (F):
( ) A missão apresenta uma dupla correspondência, sendo a primeira associada à temática da processão e a segunda ao fim para o qual a Pessoa é enviada.
( ) A missão com fundamento na processão justifica a existência de apenas duas missões, a do Filho e a do Espírito Santo.
( ) As missões consistem na encarnação do Filho e no dom do Espírito Santo, ambas manifestando as propriedades dessas Pessoas.
( ) A missão do Filho consiste em sua encarnação, ao passo que a do Espírito consiste na dispensação de dons, aquela irrepetível e esta repetível, distintas entre si, mas conjuntas e inseparáveis.
( ) Apesar de as missões do Filho e do Espírito Santo serem atos a eles inerentes, por ação operada para fora da Trindade imanente,

ambas são desejadas e operadas por todas as Pessoas que atuam conjuntamente na economia salvífica.

Agora, assinale a alternativa que corresponde corretamente à sequência obtida:
a) F, F, F, V, F.
b) V, V, V, V, F.
c) F, F, F, F, F.
d) V, V, V, V, V.
e) F, F, F, V, V.

Atividades de aprendizagem

Questões para reflexão

1. O número de operações da Trindade corresponde ao número de substâncias, e o número de propriedades corresponde ao número de hipóstases. Reflita e explique essa afirmação.

2. Vimos que quatro das relações também são referidas como noções. Assim, qual é a distinção entre os conceitos de relação e noção?

Atividade aplicada: prática

1. À luz da "matemática trinitária", estudada neste capítulo, conjugada com o conteúdo apresentado nos capítulos anteriores, desenvolva um quadro com os principais conceitos tratados pela Doutrina da Trindade.

6
Aspectos sociais da vida trinitária

Depois de se referir às propriedades de cada Pessoa divina, bem como à missão do Filho e do Espírito Santo, o Catecismo da Igreja Católica (CIC) assevera que "toda a vida cristã é comunhão com cada uma das pessoas divinas" (CIC, n. 259). Essa colocação nos remete aos aspectos sociais da vida trinitária, tema que buscaremos desenvolver neste derradeiro capítulo, sobretudo considerando que "o fim último de toda a economia divina é a entrada das criaturas na unidade perfeita da Santíssima Trindade" (Jo 17,21-23). O ponto de partida para tal afirmação reside na passagem joanina em que Jesus diz que "Se alguém me ama [...] guardará a minha palavra, e meu Pai o amará e viremos a ele, e faremos nele a nossa morada" (Jo 14,23).

Assim, desde já somos chamados a ser habitados pela Santíssima Trindade, imergindo na comunhão de seu amor. A Trindade é unidade e comunhão de amor, não sendo à toa que, ao olharmos para o ícone de Andrej Rublëv, já comentado neste livro, identificamos os três anjos voltando o olhar para o lado aberto da mesa, o que converge para a posição do observador, como se um convite fosse feito para que eleparticipe do banquete celebrado.

No Capítulo 3, fizemos breve menção ao documento oficial da III Conferência Geral do Episcopado Latino-Americano e do Caribe, realizada em Puebla, no México, mais especificamente à segunda parte, que trata dos desígnios de Deus sobre a realidade da América Latina. No Capítulo I dessa primeira parte, referente ao conteúdo da evangelização, na seção intitulada "A verdade a respeito de Cristo, o Salvador que anunciamos", o chamado Documento de Puebla (DP) afirma a Trindade como modelo de comunhão e participação (DP, n. 211-219). Também assevera que atingimos o descobrimento de nossa comunhão e participação somente após a proclamação de Cristo, que nos revela o Pai e nos dá seu Espírito, defendendo que a vida divina é comunhão trinitária (DP, n. 211). No desenvolvimento do tema, somos recordados da Pericórese, isto é, "Pai, Filho e Espírito vivem em perfeita intercomunhão de amor, que implica no supremo mistério da unidade, de onde decorre todo o amor e comunhão para a grandeza e dignidade da existência humana" (DP, n. 212). Por fim, o documento conferencial ainda destaca que nossa participação na comunhão da vida trinitária ocorre por Cristo:

> 213. Por Cristo, único Mediador, participa a humanidade da vida trinitária. Cristo hoje sobretudo por sua atividade pascal, nos leva a participar do mistério de Deus. Por sua solidariedade conosco, nos torna capazes de vivificar pelo amor nossa atividade e transformar nosso trabalho e nossa história em gesto litúrgico, isto é, de sermos protagonistas com ele da construção da convivência e das dinâmicas humanas que refletem o mistério de Deus e constituem sua glória que vive.

214. Por Cristo, com ele e nele, passamos a participar da comunhão de Deus. Não há outro caminho que leve até ao Pai. Vivendo em Cristo, chegamos a ser seu corpo místico, seu povo, povo de irmãos, unidos pelo amor que derrama em nossos corações o Espírito. Esta é a comunhão à qual chama o Pai por Cristo e por seu Espírito. Para ela se orienta toda a história da salvação e nela se consuma o desígnio amoroso do Pai que nos criou. (DP, n. 213-214)

Por fim, sobre a extensão de nossa participação na comunhão trinitária, somos informados de que esta deve ser edificada "desde as raízes do amor, e há de se manifestar em toda a sua vida, até na sua dimensão econômica, social e política" (DP, n. 215). Por conta disso, neste capítulo, vamos mostrar que, nos vários planos da vida comunitária (pessoal, conjugal, familiar, eclesial, comunitário e ecológico) a Trindade oferece poderosa inspiração, que aqui denominaremos *aplicação*[1].

6.1 A Trindade na vida pessoal

Sob a perspectiva pessoal, importa abordar a Trindade em nossa vida espiritual[2]. Para tanto, precisamos resgatar uma importante lição do Capítulo 4, quando tratamos da pessoa sob a perspectiva humana (como indivíduo racional), ali referindo duas conotações: uma contemplando o **ser em si** (imanência) e outra o **ser para o outro** (transcendência). Recapitulando aquele ensinamento, agora tomando como exemplo uma moeda, poderíamos dizer que a face que representa a

---

1 Clodovis Boff (2008) justifica o emprego do termo *aplicação* como equivalente ao termo *inspiração*, já que a relação de Deus com o mundo é analógica, não unívoca, havendo o que ele caracteriza como uma "desproporção ontológica" (referente à essência, e não somente ao grau) entre as duas ordens, o que, porém, não elide a relação existente, conforme Canobbio (1998, p. 244-253, 366-379).

2 Para um aprofundamento da temática, vale a pena a leitura de Comastri (2000); Bingemer (1990); Muñoz (2002); e Peregrino da Trindade (1997).

cara implica a singularidade do ser em si, que significa autoafirmação e liberdade, ao passo que a face da coroa implica autodoação e amor.

Diante dessa perspectiva de abertura, reproduzimos o pensamento de Clodovis Boff (2008, p. 20), para quem "o ser humano só se realiza quando se faz dom, entrega, oferenda", destacando também que a singularidade "não pode se encontrar plenamente se não por um dom sincero de si mesmo" (GS, n. 24).

Portanto, sob a perspectiva pessoal, ao recordarmos a lição do Capítulo 4 e a discussão feita por Boff, consagrado da Ordem dos Servos de Maria (OSM), podemos afirmar com ele que a pessoa apenas atinge a plena realização quando desenvolve a liberdade e o amor de modo conjugado. Caso caminhe em direção ao ponto extremo da liberdade, sem amor, certamente recairá no egoísmo e na dominação. Se caminhar na dimensão oposta, rumo exclusivamente ao amor, sem liberdade, incidirá em alienação e sujeição.

Segundo Oliveira (2017, p. 111), o ponto de abertura que propicia o rompimento de qualquer pretensão de isolamento em si mesmo consiste na espiritualidade.

Sob a perspectiva trinitária, essa espiritualidade é abordada pelo documento oficial da V Conferência Geral do Episcopado Latino-Americano e do Caribe, realizada em Aparecida, no Brasil:

> 240. Uma autêntica proposta de encontro com Jesus Cristo deve estabelecer-se sobre o sólido fundamento da Trindade Amor. A experiência de um Deus uno e trino, que é unidade e comunhão inseparável, permite-nos superar o egoísmo para nos encontrarmos plenamente no serviço para com o outro. (Celam, 2007, p. 113)

Assim, particularmente, a plena realização humana referida pela aqui já citada constituição conciliar pastoral *Gaudium et Spes* (GS) apenas é possível a partir do encontro com Jesus Cristo.

Clodovis Boff não diverge desse posicionamento. Na obra a *Experiência de Deus e outros escritos de espiritualidade*, explica que justamente falar de espiritualidade é discorrer sobre o esforço de transformar nossa fé em experiência, desenvolvendo-a como vivência que promove transformação em nossa vida, a exemplo das narrativas evangélicas de encontro com Cristo (Boff, 2017, p. 7-9, 24).

Nesse sentido, é importante destacar que no Catecismo da Igreja Católica (CIC) o termo *espiritualidade* é tratado como sinônimo de *mística*, assim compreendida como união íntima com Cristo, pela participação em seu mistério por meio dos sacramentos e, n'Nele, no mistério da Santíssima Trindade (CIC, n. 2014). Ao interpretarmos o que afirma o Catecismo, mais uma vez constatamos em Jesus Cristo o caminho para acesso ao mistério trinitário, também situando a Trindade como ponto de chegada da espiritualidade cristã.

Não obstante, retomando o Documento de Aparecida, é possível concluir que "a experiência batismal é o ponto de início de toda espiritualidade cristã que se funda na Trindade" (Celam, 2007, p. 113). Tal afirmação parece convergir para o pensamento de Stoks (1955), que, muito antes da celebração da mencionada conferência, já afirmava que, de um modo todo especial, é a verdade da inabitação (presença) dos Divinos Três em nosso coração que deve impregnar nossa vida de fé. Assim, mais do que pensar ou falar, devemos sentir a Trindade no coração e vivenciá-la na vida. Aqui identificamos dois momentos, sendo o primeiro interior, mais subjetivo, que, se for bem desempenhado, conduzirá ao segundo momento, exterior, de caráter prático.

Ao considerarmos a perspectiva intrínseca, encontramos nos apontamentos trinitários de Boff (2008) a possibilidade de chegada ao coração da Trindade pelo caminho da oração, da adoração, do louvor, do silêncio, da meditação e da contemplação, sobretudo em nossas celebrações litúrgicas, todas elas permeadas de espiritualidade trinitária, notadamente a Celebração Eucarística. Como desdobramento desse movimento centrípeto, admitimos que a fé no Deus único traz consequências para nossa vida (CIC, n. 222-224, 227), quais sejam:

- conhecer a grandeza e a majestade de Deus[3];
- viver em ação de graças, pois tudo o que somos e temos d'Ele vem[4];
- ter confiança em Deus, em todas as circunstâncias, mesmo na adversidade[5].

Já em direção centrífuga, o mencionado teólogo da OSM afirma que toda boa espiritualidade, em função de seu dinamismo interno, estende-se para um agir cristão na vida (Boff, 2017, p. 44). Parafraseando-o, o que pretendemos consolidar como ensinamento é que, se for realmente fecunda, a espiritualidade deverá produzir frutos, impulsionando o cristão para um agir transformador na realidade do mundo.

Por fim, Boff ensina que a espiritualidade tem início com o encontro, prossegue em uma autoentrega e prolonga-se na comunhão (Boff, 2017, p. 63). Tendo como princípio, portanto, essa dimensão pessoal, vamos agora tratar de outras dimensões igualmente importantes para a vida.

6.2 A Trindade no amor conjugal

O Conselho Episcopal Latino-Americano (Celam) parte do argumento, que pode ser encontrado no Documento de Aparecida, de que "o amor humano encontra sua plenitude quando participa do amor divino, do amor de Jesus que se entrega solidariamente por nós em seu amor pleno até o fim"[6] (Celam, 2007, p. 65-66). Do ponto de vista

---

3 "Deus é grande demais para que O possamos conhecer" (Jó 36,26).
4 "Mas que poderei retribuir ao Senhor por tudo o que ele me tem dado?" (Sl 115,3).
5 "No mundo haveis de ter aflições. Coragem! Eu venci o mundo!" (João 16,33).
6 Cf. Jo 13,1; 15,9.

antropológico cristão, o documento conferencial consigna "a igual identidade entre homem e mulher em razão de terem sido criados à imagem e semelhança de Deus" (Celam, 2007, p. 202).

Anteriormente à Conferência de Aparecida, a IV Conferência Geral do Episcopado Latino-Americano e do Caribe, realizada em São Domingo, na República Dominicana, também havia assim consignado, mas foi além[7]. Conforme o Documento de São Domingo, "o homem e a mulher, sendo imagem e semelhança de Deus (Gn 2,16), que é amor, são chamados a viver o matrimônio, o mistério da comunhão e relação trinitária" (Celam, 2005, p. 729), ponderando que esse chamamento ao amor ocorre na totalidade de seu corpo e espírito. Homem e mulher, apesar de serem apenas duas pessoas, aqui são indicados como vestígios da Trindade, pois não são seres complementares, mas duas plenitudes que, imbuídas de amor, culminam na comunhão que origina a família[8].

Portanto, assim como as Pessoas divinas vivem em comunhão e não divisão, homem e mulher são chamados a também viver desse modo, no seio familiar, desse amor procedendo os filhos.

6.3 A Trindade na vida familiar

Ao tratar da boa nova da família, o Documento de Aparecida define que "o amor conjugal é a doação recíproca entre um homem e uma mulher,

---

[7] Todavia, não se pode dizer que Aparecida ficou aquém de São Domingo, pois no mesmo item dessa conferência está enaltecida a dignidade e participação das mulheres. Ao resgatar a prática de Jesus em relação a estas, notadamente como primeiras testemunhas de sua ressurreição (cf. Mt 28,9-10) e integrantes do grupo de pessoas que lhes eram mais próximas (cf. Lc 8,1-3), o documento assinala significativamente o valor que possuem não apenas no seio da família como também da sociedade, sobretudo em tempos de ainda sedimentado machismo.

[8] Apesar da diferença, ambos comungam da mesma humanidade fundamental. Não obstante, para um aprofundamento do estudo sobre a trinitologia feminista, Boff indica as leituras de Johnson (1995); Bingemer (1986, p. 73-99); e Gebara (1994).

os esposos: é fiel e exclusivo até à morte e fecundo, aberto à vida e à educação dos filhos, assemelhando-se ao amor fecundo da Santíssima Trindade", numa alusão ao item 9 da carta encíclica *Humanae Vitae*, o qual trata das características do amor conjugal (Celam, 2007, p. 66). Ainda, com relação ao amor conjugal, o documento conferencial afirma que ele é assumido por meio do Sacramento do Matrimônio, como significado de união de Cristo para com sua Igreja.

Por outro lado, mais recentemente, sabemos que a questão atinente à família vem recebendo outros contornos por parte da sociedade. Não obstante, ainda assim a vida comunitária compreende o plano da família, da qual dimana o Mistério de Deus (João Paulo II, 1994, n. 8); afinal, como declara o documento de Puebla, Deus "não é uma solidão, mas uma família" (DP, n. 582). Sob tal perspectiva, em seu âmbito de atuação, Boff (2008, p. 29-30) ressalta que cada componente dela deve promover a unidade e a comunhão, simultaneamente respeitando e sendo respeitado em sua diferença[9].

Sem adentrar na complexidade da proporção que o tema assumiu na contemporaneidade, o Papa João Paulo II asseverou que "Deus inscreve na pessoa humana a vocação e consequentemente a capacidade e a responsabilidade do amor e da comunhão" (João Paulo II, 1981, n. 11). Sem deslustro de tudo o quanto já foi redigido a respeito, essa qualidade de pensamento papal parece capaz de explicar o acontecimento da Trindade na vida familiar.

---

9 Sobre a relação entre Trindade e família, Boff sugere a leitura de Giordano (2000) e Blanquet (1996).

6.4 A Trindade na vida eclesial

Além da família, a comunhão trinitária também repercute em outros segmentos da sociedade, igualmente construindo redes específicas de solidariedade. Merece destaque, neste estudo, a Trindade na vida eclesial. O Novo Testamento apresenta a Igreja como comunhão de amor que é materializada na união de coração, na partilha fraterna e na intercomunicação dos bens (At 2,42-47)[10].

Reportando-nos novamente ao Documento de Aparecida, devemos considerar que é por meio dos sacramentos do Batismo e da Confirmação que ingressamos na comunhão trinitária eclesial, cujo ponto supremo reside no sacramento da Eucaristia (Celam, 2007). Por sua vez, do mesmo documento extraímos que "o mistério da Trindade é a fonte, o modelo e a meta do mistério da Igreja" (Celam, 2007, p. 81), configurando um povo reunido e chamado à comunhão pela unidade do Pai, do Filho e do Espírito Santo (Jo 1,3)[11]. Ainda nesse chamamento para a vida em comunhão trinitária, somos convocados a "atrair as pessoas e os povos para Cristo" e, desse modo, atender à unidade mencionada por Jesus: "Que também eles vivam unidos a nós para que o mundo creia" (Jo 17,21). Assim, "a evangelização é um chamado à participação da comunhão trinitária" (DP, n. 218).

Ora, como entoamos na canção, se "pelo Batismo recebi uma missão", sendo nesse sacramento chamado à comunhão, concordamos que "a comunhão e a missão estão profundamente unidas entre si [...]

---

10 "E perseveravam na doutrina dos apóstolos, e na comunhão, e no partir do pão, e nas orações. E em toda a alma havia temor, e muitas maravilhas e sinais se faziam pelos apóstolos. E todos os que criam estavam juntos, e tinham tudo em comum. E vendiam suas propriedades e bens, e repartiam com todos, segundo cada um havia de mister. E, perseverando unânimes todos os dias no templo, e partindo o pão em casa, comiam juntos com alegria e singeleza de coração, Louvando a Deus, e caindo na graça de todo o povo. E todos os dias acrescentava o Senhor à igreja aqueles que se haviam de salvar".

11 "O que vimos e ouvimos nós vos anunciamos, para que também vós tenhais comunhão conosco. Ora, a nossa comunhão é com o Pai e com o seu Filho Jesus Cristo."

[de tal modo que] a comunhão é missionária e a missão é para a comunhão" (CL, n. 32). Ademais, em se tratando da atividade missionária da Igreja, precisamos destacar que "a Igreja peregrina é missionária por natureza, porque tem sua origem na missão do Filho e do Espírito Santo, segundo o desígnio do Pai" (AG, n. 2).

Para além disso, ainda referindo o Documento de Aparecida, as missões que brotam da Trindade (encarnação redentora e santificação) devem em nós repercutir o impulso necessário à obra evangelizadora, pois tal impulso é fruto necessário à vida comunicada pela Trindade. Em arremate, o documento episcopal em questão ainda afirma que "a comunhão dos fiéis e das Igrejas locais do Povo de Deus se sustenta na comunhão com a Trindade" e que "nas Igrejas particulares, todos os membros do povo de Deus, segundo suas vocações específicas, [são] convocados à santidade na comunhão e na missão" (Celam, 2007, p. 82-84).

Para tanto, as paróquias são tidas como lugares de formação para os discípulos missionários, pois são privilegiadamente espaços de reflexão sobre a Trindade em sua dimensão comunitária, visto que propiciam à maioria dos fiéis a realização da experiência concreta de Cristo e de sua Igreja (EAm, n. 41), por meio de diversas atividades que podem ser realizadas por diferentes faixas etárias. Outrossim, diante dos desafios enfrentados no seio familiar, esses espaços propiciam a formação na fé e crescimento comunitário (Celam, 2007, p. 140). No entanto, vale destacar que o espaço de atuação não se restringe a um espaço específico, pois, se assim fosse, o Documento de Aparecida estaria limitando a atuação da comunhão trinitária apenas para as Igrejas locais.

Desse modo, é necessário adotar como premissa que "o mistério da Trindade nos convida a viver uma comunidade de iguais na diferença", tendo em conta a necessidade de diálogo ecumênico e inter-religioso (Celam, 2007, p. 202-203), inclusive como medida para a promoção da paz e a superação da violência. Não obstante essa atenção e respeito para com o outro, não católico, fato é que a Trindade nos comunica o impulso missionário como fruto necessário à vida e, nesse sentido, sabemos que a missão do Filho e do Espírito Santo, segundo o desígnio do Pai, dá origem à missão da Igreja, inerentemente missionária (Celam, 2007).

Ainda tendo em vista o convite para a vivência numa comunidade de iguais na diferença, devemos considerar que tudo aquilo que diz respeito especificamente a cada Pessoa divina não pode ser dito de toda a Trindade, ou, nas palavras de Santo Agostinho, "não é a Trindade, mas está nela situada" (Agostinho, 1994, p. 204-206). Adverte-nos Oliveira (2017) para a relevante repercussão desse posicionamento quanto ao relacionamento nas Igrejas. Para o referido teólogo, "uma Igreja que se organiza a partir de sua fé no Deus Trindade deveria, necessariamente, respeitar as diferenças, a diversidade e, ao mesmo tempo, promover a igualdade de dignidade de seus membros" (Oliveira, 2017, p. 57).

Todavia, o autor destaca que estamos diante de um desafio, pois o vislumbrar da realidade de nossas Igrejas permite constatar um longo caminho que ainda deve ser percorrido na busca da verdadeira fé trinitária. Perfilhamos tal pensamento, até mesmo se considerarmos que ainda encontramos fiéis que sequer compreendem a distinção das Pessoas divinas no seio da Trindade.

6.5 A Trindade na vida comunitária

Vimos, até aqui, a repercussão da Trindade na vida pessoal, conjugal, familiar e, em âmbito comunitário, analisamos a comunhão trinitária sob a perspectiva eclesial, que desaguou no mandato missionário evangelizador. Todavia, a comunhão trinitária não se restringe às dimensões até agora estudadas, ultrapassando as fronteiras da Igreja por obra do próprio Espírito, que "sopra onde quer" (Jo 3,8). Logo, ainda precisamos examinar os reflexos da Trindade sob outras perspectivas sociais, com ênfase nesse campo propriamente dito, assim como nas dimensões política, econômica e ecológica. Para tanto, buscaremos fundamentação em alguns princípios mencionados pela Doutrina Social da Igreja (DSI).

Na carta encíclica *Sollicitudo Rei Socialis* (SRS), por ocasião do vigésimo aniversário da encíclica *Populorum Progressio* (PP), de Paulo VI, João Paulo II afirma que faz parte da missão evangelizadora da Igreja ensinar e difundir sua doutrina social, que é definida como a "formulação acurada dos resultados de uma reflexão atenta sobre as complexas realidades da existência do homem, na sociedade e no contexto internacional, à luz da fé e da tradição eclesial" (SRS, n. 41). Tais realidades são examinadas e interpretadas em conformidade ou desconformidade com as linhas do ensinamento do Evangelho sobre o homem e sua vocação terrena e transcendente, com o objetivo de orientar o comportamento cristão, daí porque seu campo de estudo pertence ao domínio da teologia moral.

No âmbito da DSI, inarredavelmente analisamos a realidade humana sob as perspectivas social, econômica e política, dimensões já referidas pelo Documento de Puebla quando destaca a repercussão trinitária como comunhão e participação. Buscaremos detalhar, a seguir, cada uma dessas perspectivas.

6.5.1 Perspectiva política

Do ponto de vista político, precisamos considerar, de início, que o cristão é chamado à participação direta, como protagonista de ações que visem ao serviço da sociedade, por meio da garantia, promoção e defesa de direitos de cada um em relação aos outros, daí também decorrendo os respectivos deveres. Apesar de muito deturpada nos dias atuais, a política deve atuar como instrumento para a realização do bem comum e do compromisso de servir ao próximo, em coerência com o Evangelho, promovendo a satisfação do ser humano naquilo que for essencial à vida plena e abundante, reduzindo desigualdades, evitando privilégios e combatendo discriminações.

Nesse contexto, a participação na vida pública deve ser pautada no espírito de colaboração e solidariedade. Assim como a Trindade não é solitária, nós também devemos evitar o isolamento, e isso não apenas no plano pessoal, mas igualmente sob o ponto de vista nacional, pois da globalização decorre uma complexidade de relações entre povos e culturas, acarretando uma inarredável interdependência entre os países, a ponto de situações que ocorrem num determinado ponto do globo terrestre repercutirem quase que simultaneamente em outra coordenada geográfica do planeta.

Se tanto os aspectos negativos quanto os positivos são dotados de força de repercussão e se não devemos agir isoladamente, temos a responsabilidade de, coletivamente, perseguir uma comunhão de amor e felicidade com reflexo na Trindade, que culmine no combate à guerra e na defesa da paz, gerando a satisfação do ser humano naquilo que for necessário à vida plena e abundante. Basta que vejamos, em um lançar de olhos ao redor, o quanto a sede de poder é uma das grandes causas de guerras, promovendo egoísmo, frustração de aspirações, miséria, exploração, entre outras injustiças sociais.

Com relação à paz, a DSI consolidou-a como sinônimo de desenvolvimento e, portanto, se temos a responsabilidade coletiva de buscar a paz, igualmente temos a responsabilidade coletiva de cooperação para com o desenvolvimento. Trataremos dessa perspectiva na Seção 6.5.2.

6.5.2 Perspectiva econômica e de integralidade

Na carta encíclica *Centesimus Annus* (CA), por ocasião do centenário da encíclica *Rerum Novarum* (RN), o Papa João Paulo II afirma que, necessariamente, o desenvolvimento tem uma dimensão econômica. Nessa perspectiva, também é preciso perseguir o desenvolvimento que oriente o mercado para o bem comum, por meio da promoção de relações de recíproca colaboração, sobretudo porque muitos bens considerados como fonte de riqueza da sociedade moderna não podem ser adequadamente produzidos mediante um único indivíduo, devendo existir a cooperação de muitos para o mesmo fim.

Infelizmente, seja em nível pessoal (indivíduos), seja em nível institucional (povos ou nações), ainda vivemos em tempo de desigualdades radicais, o que deve ser empenhadamente combatido, pois caminha na contramão da comunhão humana almejada.

Ainda sob o ponto de vista econômico, devemos atentar para o exacerbado consumismo, que comporta tanto o supérfluo quanto o desperdício, acarretando a má destinação de bens, com reflexo em outras áreas, conforme veremos adiante. Nesse aspecto, do ponto de vista econômico, precisamos considerar que a fé no Deus único traz importantes consequências para nossa vida, entre as quais a exigência de que façamos bom uso das coisas criadas[12] (CIC, n. 222, 226). Isso nos remete, entre outros aspectos, ao princípio consagrado pela DSI: correta destinação dos bens, com vistas ao bem comum.

Por outro lado, o Papa Paulo VI aponta o erro que subjaz ao entendimento segundo o qual o desenvolvimento deve ser visto apenas sob o ponto de vista do crescimento econômico, devendo-se considerar que

---

12 Isso implica o uso "de tudo quanto não for Ele, na medida em que nos aproximar d'Ele, e a desprender-nos de tudo, na medida em que d'Ele nos afastar" (CIC, n. 226), conforme Mt 5,29-30; 16,24; 19,23-24.

ele deve ser integral, de modo a promover todos os homens e o homem todo (PP, n. 14). O desenvolvimento integral do homem, por sua vez, não pode ser realizado sem o desenvolvimento solidário da humanidade, razão pela qual devemos trabalhar juntos em prol da construção de um futuro comum (PP, n. 21).

Por ocasião da redação da encíclica, o Papa Paulo VI evidenciava a realidade de um mundo adoecido, cujo mal residia na crise de fraternidade entre os homens e entre os povos[13]. Ainda hoje presenciamos esse flagelo humanitário e, na busca pelo desenvolvimento integral, somos desafiados à proximidade para a construção de um mundo solidário. Assim como o desenvolvimento econômico é responsabilidade de todos, também o desenvolvimento integral, tanto da pessoa quanto dos povos, é responsabilidade coletiva.

Somos responsáveis uns pelos outros, não sendo à toa que a Sagrada Escritura continuamente nos fala do compromisso fraternal em favor do irmão, apresentando-nos a exigência de uma corresponsabilidade para com toda a humanidade. Uma vez que todos somos samaritanos e o próximo não é qualquer um, mas todo o mundo, tal exigência não se restringe aos limites da própria família, nem sequer da nação ou do Estado, mas abarca a humanidade inteira, de tal maneira que ninguém pode ficar alheio ou indiferente à sorte de outro membro da família humana.

Para tanto, em muito contribui a tomada de consciência, individual e também dos povos e nações, quanto à interdependência que acarreta a necessidade de uma solidariedade traduzida no plano moral. Cada vez mais, as pessoas são convencidas de que estão ligadas por um destino

---

13 O pontífice nos adverte de que não seria verdadeiramente digno do homem um tipo de desenvolvimento que não respeitasse e não promovesse os direitos humanos, pessoais e sociais, econômicos e políticos, incluindo os direitos das nações e dos povos. Nesse ponto, o papa destaca que não apenas o ser humano tem direito ao desenvolvimento integral, mas também os povos ou as nações, porque o desenvolvimento do indivíduo está igualmente implicado, considerando-se o desenvolvimento dos povos e nações em aspectos econômicos e sociais que, de igual modo, devem compreender a respectiva identidade cultural e a abertura para o transcendente; em nenhuma hipótese, a necessidade do desenvolvimento pode servir de pretexto para impor aos outros o próprio modo de viver ou a própria fé religiosa (PP, n. 33).

comum, que deve ser construído conjuntamente, progressivamente emergindo ideais de que o bem para o qual somos chamados e a felicidade que aspiramos não podem ser obtidos senão pelo empenho de dedicação conjunto, sem exceção, o que implica a renúncia ao próprio egoísmo.

Sob tal perspectiva, concluímos que essa interdependência colabora para vermos no outro (pessoa, povo ou nação) um semelhante em dignidade, não subordinado, visão que resulta em solidariedade, a qual, desse modo, figura, indubitavelmente, como uma virtude cristã que contribui para a realização do desígnio divino de comunhão, nisso refletindo a Trindade em nossa vida.

6.5.3 Perspectiva social

Do ponto de vista social, ainda tendo em conta o convite para a vivência numa comunidade de iguais na diferença, o Documento de Aparecida inaugura um capítulo para tratar de nossos povos e culturas, apontando caminhos de reconciliação e solidariedade. Em tal contexto, justamente porque "no Deus Trindade a diversidade de Pessoas não gera violência e conflito; ao contrário, é a fonte mesma do amor e da vida", o referido documento conferencial recomenda que "evangelizar sobre o amor de plena doação, como solução ao conflito, deve ser o eixo cultural 'radical' de uma nova sociedade" (Celam, 2007, p. 240).

Convém lembrar também que a evangelização se insere na cultura das pessoas, dos povos e das nações, com reflexo nos aspectos de origem, idade, cor, sexo, religião ou condição física, sensorial, intelectual ou mental. Por outro lado, ainda tendo em vista o aspecto econômico, muitas são as ocasiões em que presenciamos injustiças relacionadas a tais fatores, em virtude de indevidas discriminações, sobretudo no campo do trabalho, fazendo-se necessária, dessa forma, uma cooperação ativa com Ele no aperfeiçoamento da criação. Ora, aqui novamente identificamos o convite da comunhão trinitária à participação, que, todavia, não se limita a um campo específico, sendo extensível a qualquer outra área e segmento.

Nessa perspectiva, precisamos voltar um olhar inclusivo para tantas minorias presentes em nossa sociedade, aqui citando, de modo exemplificativo, a pessoa com deficiência, à qual já tivemos oportunidade de aludir:

> No Antigo Testamento, Gn 1,27 expressa que Deus criou todos os seres humanos à sua imagem e semelhança e, portanto, todo homem "reflete algo da grandeza e dignidade de uma realidade absoluta, que as religiões judaico-cristãs chamam de Deus' (Zurbano, 2001, p. 190). O item 34 da Doutrina Social da Igreja (DSI) expressa que "ser pessoa à imagem e semelhança de Deus comporta [...] um existir em relação, em referência ao outro 'eu', porque Deus mesmo, uno e trino, é comunhão do Pai, do Filho e do Espírito Santo". A Trindade é diversa na unidade e una na diversidade. Portanto, assim como Deus é um só em três Pessoas, mas com atributos próprios, cada ser humano é universalmente igual na dignidade, mas com particularidades que manifestam uma diversidade etária, de gênero, raça e, especificamente aqui, de ordem física, sensorial, mental ou intelectual. Uma vez que as passagens de At 10,34; Rm 2,11; Gal 2,6 e Ef 6,9 ilustram que Ele não faz acepção de pessoas (DSI, 2011, n. 144); todas essas, com ou sem deficiência, gozam da mesma dignidade de criaturas feitas à imagem e semelhança de Deus. (Pereira, 2014, p. 216)

Qualquer que seja a condição, em cada ser humano reside uma dignidade, e essa conscientização passou a ser afirmada por meio de uma preocupação mais vívida por parte da sociedade, em relação à temática do respeito aos direitos humanos e da rejeição mais enfática de suas violações, tudo em função da aprovação da Declaração Universal dos Direitos Humanos, realizada há setenta anos, pela Organização das Nações Unidas.

Mais recentemente, podemos realçar determinados direitos que estão em constante evidência, um deles concernente às políticas de emigração. Não podemos esquecer que Jesus Cristo, o Senhor do mundo, para quem todo joelho se dobra, também foi um refugiado. Se Aquele que opera na obra da criação precisou buscar refúgio longe de sua terra natal, o que dizer em relação ao expressivo contingente de estrangeiros que, diante de hostilidades ou mesmo catástrofes, não encontram outro caminho senão abandonar seu lugar de origem em busca de acolhida para além de suas fronteiras?

Apesar da autonomia de que cada país dispõe para sua organização política, precisamos refletir e agir com seriedade e responsabilidade em relação ao assunto, pois a recusa à habitação em outra região do planeta (que é a casa de todos nós) caminha na contramão da abertura à comunhão proposta pelas Pessoas divinas. Estas, desde toda a eternidade imbuídas em comunhão de amor imanente, estendem a nós um convite para imergir nessa ciranda de amor, plenamente ilustrada pelo ícone de Andrej Rublëv, comentado no Capítulo 1 deste livro.

Segundo Brighenti (2006, p. 139), "ser cristão é, necessariamente, ser um cidadão universal" e, "como filhos do mesmo Pai, todos são irmãos e irmãs"; também podemos afirmar, citando a Carta de São Paulo aos Gálatas, que "não existe mais judeu nem grego" (Gl 3,28) ou qualquer outro estrangeiro. Portanto, também sob o ponto de vista social temos de reconhecer, mais uma vez, que a fé no Deus único traz para a nossa vida, entre outras consequências, a necessidade imperativa de "conhecer a unidade e a verdadeira dignidade de todos os homens" (CIC, n. 222, 225), visto que todos foram feitos "à imagem e semelhança de Deus" (Gn 1,26).

6.6 A Trindade na vida ecológica

Como bem acentuado pelo Papa Francisco em sua carta encíclica *Laudato Si'*, sobre o cuidado da casa comum, a Trindade nos inspira à relação entre as criaturas.

Vimos que as três Pessoas divinas participam da obra criadora, cada qual segundo uma identidade pessoal própria. A criação apresenta, portanto, traço trinitário e, assim como subsistem relações entre as Pessoas divinas, do mesmo modo a criação é permeada por uma série de múltiplos vínculos, tal como um conjunto de fios que compõem uma trama. Segundo o Papa Francisco (2015, p. 137), essa interligação "convida-nos a maturar uma espiritualidade da solidariedade global que brota do mistério da Trindade". O ser humano precisa relacionar-se com Deus, com os indivíduos e com o mundo, e é nesse contexto que está situada toda a criação. O homem é fruto do meio, no qual existe não apenas o ambiente que o circunda, mas também todo o mundo e a natureza como um todo. Dessa constatação emerge a questão ecológica, pois a casa comum à qual Francisco se refere em uma conclamação para que seja cuidada é justamente nossa casa global, sendo todos convocados à comunhão com a natureza[14]. Nesse sentido, aproveitamos a lição de Agenor Brighenti (2006), para quem a fé cristã contempla uma dimensão ecológica que implica o cuidado da natureza e a continuidade da obra da Criação.

Já mencionamos que o exacerbado consumismo de nossa sociedade repercute para além da dimensão econômica. Pois bem, o uso indevido dos bens reflete precisamente no aspecto que ora examinamos, e de um

---

14 Neste ponto, Clodovis Boff (2008, p. 30) sustenta que "a Triadologia sustenta e inspira a ecologia como saber e como prática", sugerindo a leitura de três obras de seu irmão, Leonardo Boff: *Ecologia: grito da terra, grito dos pobres* (1995a); *Ecologia, mundialização, espiritualidade* (1993); e *Princípio-terra* (1995b).

modo bastante preocupante, visto que o prazer pelo ter excede o crescer pelo ser. Com isso, o ser humano passou a consumir de modo desordenado os recursos naturais, promovendo, por consequência, contínua degradação, o que prejudica a si próprio e, claro, as futuras gerações.

Portanto, também aqui precisamos asseverar, uma vez mais, que a fé no Deus único traz para nossa vida, entre outras consequências, a necessidade fazer bom uso das coisas criadas (CIC, n. 222, 226), o que nos remete, entre outros aspectos, ao princípio consagrado pela DSI sobre a correta destinação dos bens, com vistas ao bem comum.

6.7 Implicações do binômio unidade-diversidade

Analisada a Trindade sob as perspectivas pessoal, conjugal, familiar, eclesial, comunitária e ecológica, precisamos mencionar uma forma de compreensão dessa repercussão trinitária, apresentada por Clodovis Boff (2008), que é denominada *dialética trinitária* e que envolve os conceitos de unidade e diversidade. Segundo o consagrado, a Tri-Unidade consiste no "modelo máximo e insuperável de toda verdadeira comunidade humana" (Boff, 2008, p. 27), sobretudo a comunidade cristã.

Analisando a passagem joanina em que Jesus expressa "que todos sejam um, como tu, ó Pai, estás em mim e eu em ti, para que eles estejam em nós, e o mundo creia que tu me enviaste" (Jo 17,21), vemos que disso resulta a constatação proferida no âmbito do Concílio Vaticano II de que existe "certa analogia entre a união das pessoas divinas entre si e a união dos filhos de Deus na verdade e no amor" (GS 24,3).

A humanidade é chamada à comunhão, tal como a comunhão divina inspira que a vida humana ocorra em relação. Boff (2008) utiliza como chave de interpretação a Pericórese, que, como já vimos, contém o binômio unidade-diversidade, pautado no princípio ousiânico, de única natureza e sedimentado no princípio hipostático, de distinção das três Pessoas. O referido teólogo sustenta que essa lógica pericorética de unidade-diversidade guarda aplicação em qualquer relacionamento humano e que precisamos conjugá-la de modo equilibrado. Isso porque o desrespeito à unidade resulta "na divisão, na desigualdade, na exclusão, na desintegração, na anarquia", ao passo que a ofensa à diversidade recai "na dominação do outro, na integração forçada das identidades, na absorção da alteridade, no anulamento de toda originalidade, no monolitismo e na homogeneização das diferenças, como ocorre nas várias formas de autoritarismo: ditadura, absolutismo, coletivismo e totalitarismo"[15] (Boff, 2008, p. 28).

Assim, entre os argumentos para abordar cada uma das dimensões de relacionamento humano, com reflexo trinitário, vamos retomar essa linha de compreensão, para melhor fixar o conceito sob os pontos de vista político e eclesial. No campo político[16], a dialética pericorética permite criticar os dois extemos diametralmente opostos de coletivismo e capitalismo. Aquele tende a extrapolar a unidade, priorizando a igualdade em detrimento da diversidade e da singularidade das pessoas, comportamento que pode resultar em opressão; este, por outro lado, excede em diversidade e individualidade, em prejuízo da unidade e da igualdade, resultando em exclusão. Em contraposição ao referido desequilíbrio, Boff (2008, p. 29) sustenta que o modelo trinitário "inspira a busca de uma sociedade 'comunional' [...] que seja livre

---

15 O consagrado servo de Maria adverte que os "extremos se tocam", uma vez que cada uma das nefastas consequências provoca outra, afirmando como exemplo que "o autoritarismo provoca a exclusão, a divisão e a anarquia; e a exclusão, por sua vez, suscita a reação do autoritarismo e da uniformização" (Boff, 2008, p. 28).

16 Sobre a aplicação da dialética pericorética no campo político, Boff (2008) ainda sugere algumas leituras: Boff (1986, p. 23-29, 33-36, 151-153, 186-190); Cambón (2000); Durand (1972); Peterson (1983); Josaphat (2000).

(autenticamente 'democrática') e ao mesmo tempo igualitária e justa (verdadeiramente 'socialista')".

No campo eclesial, também é possível compreender a repercussão trinitária sob uma leitura dialética pericorética de unidade na diversidade. O decreto conciliar *Unitatis Redintegratio*, sobre o ecumenismo, afirma que a Trindade é o "modelo supremo e o princípio" da Igreja (UR n. 2). Por sua vez, a constituição dogmática *Lumen Gentium* (LG) resgata a definição cipriana ao referir-se à Igreja como "o Povo reunido na unidade do Pai, do Filho e do Espírito Santo" (LG, n. 4). De acordo com Boff (2008, p. 29), quando a unidade é desrespeitada no seio da Igreja, a consequência são as divisões, que resultam numa anarquia de "seitas". Por outro lado, quando o desrespeito guarda relação com as diversidades, fecunda-se um terreno propício para o monolitismo que resulta numa Igreja centralizadora e autoritária.

Retomando o desequilíbrio evidenciado por Boff (2008), devemos ressaltar que a utilização do binômio unidade-diversidade ainda é um desafio a ser enfrentado e superado, saindo do plano da reflexão para o da verdadeira ação transformadora.

Síntese

Uma vez que nos propusemos a desenvolver o estudo da Trindade por meio da metodologia ver-julgar-agir, tendo cumprido as duas primeiras etapas nos Capítulos de 1 a 5, atingimos, neste capítulo, o estágio da ação, ainda que apenas no plano teórico.

Assim, apresentamos os reflexos trinitários idealizados para a vida pessoal e para o amor conjugal, que, por sua vez, deságuam na vida familiar. Também analisamos a Trindade na vida eclesial, bem como na vida comunitária e ecológica, sendo que a penúltima – a vida comunitária – foi examinada sob as perspectivas política, econômica e de integralidade e, ainda, social.

Por fim, buscamos elucidar, de acordo com os apontamentos do teólogo Clodovis Boff, uma forma particular de compreensão dos reflexos da Trindade numa dialética pericorética, sob o binômio unidade-diversidade, pautado no princípio ousiânico, de única natureza e sedimentado no princípio hipostático, de distinção das três Pessoas. Destacamos que essa lógica pericotética guarda aplicação em qualquer relacionamento humano, precisando ser conjugado de modo equilibrado, o que ainda se apresenta como grande desafio.

Indicações culturais

Para uma compreensão mais ampla das discussões realizadas neste capítulo, recomendamos como leitura complementar os materiais indicados a seguir.

> COMISSÃO TEOLÓGICA INTERNACIONAL. **Comunhão e serviço**: a pessoa humana criada à imagem de Deus. 2004. Disponível em: <http://www.vatican.va/roman_curia/congregations/cfaith/cti_documents/rc_con_cfaith_doc_20040723_communion-stewardship_po.html>. Acesso em: 28 mar. 2020.

> COMISSÃO TEOLÓGICA INTERNACIONAL. **Deus Trindade, unidade dos homens**: o monoteísmo cristão contra a violência. 2014. Disponível em <http://www.vatican.va/roman_curia/congregations/cfaith/cti_documents/rc_cti_20140117_monoteismo-cristiano_po.html>. Acesso em: 28 mar. 2020.

Atividades de autoavaliação

1. Assinale a alternativa correta:
   a) Os aspectos sociais da vida trinitária podem ser verificados na vida pessoal, conjugal, familiar, eclesial, comunitária e ecológica.
   b) No plano pessoal, a Trindade deve ser abordada em nossa vida espiritual, para um encontro com Jesus Cristo que propicie a plena realização humana.
   c) O sacramento do Batismo é o ponto de partida de toda espiritualidade cristã fundada na Trindade.
   d) A Trindade deve ser sentida no coração e vivenciada na vida. No primeiro momento, é possível alcançá-la pelo caminho da oração, ao passo que o segundo implica um agir cristão que produza frutos, transformando a realidade.
   e) Todas as alternativas estão corretas.

2. Assinale a alternativa correta:
   a) Assim como as Pessoas divinas vivem em comunhão, homem e mulher são chamados a também viver assim, no seio familiar, sendo que desse amor procedem os filhos.
   b) É a Eucaristia que nos ingressa na comunhão trinitária eclesial.
   c) A Igreja não é missionária em sua origem.
   d) A comunhão trinitária é restrita apenas às Igrejas locais.
   e) A dimensão eclesial desconsidera a necessidade de diálogo ecumênico e inter-religioso.

3. A Trindade na vida comunitária pode ser analisada:
   a) sob a perspectiva política.
   b) sob a perspectiva econômica.
   c) sob a perspectiva de integralidade.

d) sob a perspectiva social.
e) sob todas as perspectivas citadas nas alternativas anteriores.

4. Indique se as afirmações a seguir são verdadeiras (V) ou falsas (F):
   ( ) Sob a perspectiva política, assim como a Trindade não é solitária, a globalização acarreta a necessidade de um agir que não seja isolado, diante da coletiva responsabilidade de combate à guerra e defesa da paz.
   ( ) Sob a perspectiva econômica, o desenvolvimento deve orientar o mercado para o bem comum e, no plano pessoal, é preciso repelir o consumismo – no primeiro caso, para refletir a comunhão solidária e, no segundo, para fazer bom uso das coisas criadas, com correta destinação dos bens, o que também deságua no bem comum.
   ( ) Sob a perspectiva de integralidade, é preciso promover todos os homens e o homem todo, o que apenas pode ser feito pelo desenvolvimento solidário da humanidade.
   ( ) Sob a perspectiva social, somos chamados a olhar as minorias de nossa sociedade, com destaque para pessoas com deficiência e refugiados.
   ( ) Sob a perspectiva ecológica, o capítulo nos remete à carta encíclica *Laudato Si'*, sobre o cuidado da casa comum, na qual o Papa Francisco trata da Trindade como inspiração na relação entre as criaturas.

   Agora, assinale a alternativa que corresponde corretamente à sequência obtida:
   a) F, F, F, F, F.
   b) V, V, V, V, V.
   c) V, F, V, V, F.
   d) V, V, V, V, F.
   e) V, F, V, V, V.

5. Sobre a dialética pericorética trinitária, assinale a alternativa correta:
   a) Consiste numa forma de compreendermos a repercussão trinitária em nossa vida.
   b) É um termo empregado por Clodovis Boff que engloba os conceitos de unidade e diversidade.
   c) A chave de interpretação dessa compreensão reside na Pericórese trinitária.
   d) Para uma melhor fixação do conceito, o capítulo retoma uma análise dos aspectos político e eclesial já apresentados no livro.
   e) Todas as alternativas estão corretas.

Atividades de aprendizagem

Questões para reflexão

1. Quais são as atitudes e comportamentos concretos que o mistério trinitário nos inspira a assumir na vida cristã e na sociedade humana?

2. Após o estudo sobre a Trindade, quais são as consequências mais importantes que você percebe para o relacionamento consigo, com os outros e com o mundo?

Atividade aplicada: prática

1. Após o estudo sobre a Trindade, o que podemos dizer a respeito de Deus e do homem?

Considerações finais

Ao final desta obra, cumpre-nos estabelecer algumas considerações em relação a cada capítulo, com o propósito de instigar o leitor que busca o conhecimento sobre a Trindade a prosseguir firme nessa jornada, aprofundando os conteúdos expostos neste livro.

Vimos, no Capítulo 1, que o mistério não pode ser compreendido mediante o ensinamento racional, mas pela via experiencial, com destaque para o engajamento do culto, que nos permite transcender para uma linguagem meramente discursiva. Entretanto, precisamos ponderar que, apesar de o mistério ser considerado um conceito que ultrapassa a racionalidade, não existe qualquer colisão entre ambos os aspectos. Os termos *ultrapassagem* e *colisão* funcionam como bons motivadores de compreensão, principalmente se empregarmos essas palavras em um contexto mais corriqueiro. Pensemos na seguinte situação: no trânsito, quando um veículo ultrapassa o outro, ambos estão em movimento e assim permanecem, diferentemente do que ocorre quando, em vez de ultrapassar, o veículo que vem atrás avança em direção ao que está na sua frente, acarretando uma colisão e, por consequência, a inércia de ambos, que não conseguem mais avançar. Se a dimensão do mistério entrasse em colisão com a racionalidade, o ser humano permaneceria em um impasse invencível entre fé e ciência, mas é sabido que uma não exclui a outra.

Nesse sentido, resgatando o Magistério do Concílio Vaticano I,

> os mistérios divinos por sua própria natureza excedem de tal modo a inteligência criada, que, mesmo depois de transmitidos por revelação e acolhidos pela fé, permanecem ainda encobertos com o véu da mesma fé e como que envoltos em certa escuridão, enquanto durante esta vida mortal 'somos peregrinos longe do Senhor, pois caminhamos guiados pela fé e não pela visão' (2Cor 5,6). (Denzinger, 2007, p. 648)

E, porque a Trindade é objeto de fé, não podendo ser deduzida de forma exclusivamente racional, destacamos, no Capítulo 2, que a Trindade apenas chegou até nós por meio de uma revelação divina. Porém, precisamos aqui ressaltar que, mesmo revelado, o mistério trinitário não pode ser plenamente conhecido em sua essência. Por outro lado, os termos *economia* e *imanência* revestem-se de uma complexidade que oculta a possível descoberta da originalidade da Revelação cristã sobre Deus, no contexto das novas condições culturais do discurso teológico. Contrariamente aos Padres da Igreja, a teologia contemporânea de Karl Rahner (1972) propõe que a antiga Doutrina da Trindade, fria, estática, abstrata e distanciada do ser humano, dê lugar a uma abordagem trinitária mais calorosa, dinâmica, concreta e próxima. Se, em um primeiro momento, o pensamento de Rahner produziu abandono perante o tratado de Deus, testemunhamos, posteriormente, uma renovação no modo de lidarmos com o assunto. Muitas foram as conquistas, mas ainda há muitos desafios, sobretudo no que diz respeito ao desenvolvimento de leituras de cunho místico, com profusão eclesial, para o encontro com Deus e a ascese à sua maravilhosa realidade.

No Capítulo 3, identificamos os pontos e contrapontos de pensamento que contribuíram para a consolidação da doutrina de fé que fundamentou o Magistério da Igreja. Mereceram destaque a apologia patrística dos Padres Capadócios e a posterior doutrina elaborada por renomados doutores da Igreja, notadamente Santo Agostinho e São Tomás de Aquino. O desafio lançado no contexto desse capítulo, altura em que estudamos a fé na Trindade, é conseguir estabelecer a correta percepção entre as abordagens gregas e latinas para, a partir disso, contrapor a abordagem moderna.

Quanto ao Capítulo 4, certamente há muito mais a se dizer sobre cada uma das pessoas divinas, tanto que a Dogmática reserva disciplinas específicas para o estudo de Cristo e do Espírito Santo. De igual modo, acerca das relações que são estabelecidas entre os três divinos, outros tantos desdobramentos poderiam ser contemplados, mas não comportariam análise suficiente nas delimitadas páginas deste livro. Aqui, importa ressaltar que, ao pensarmos numa abordagem trinitária moderna, que destaca a Pericórese dos três divinos, e simultaneamente resgatarmos a ilustração da Trindade no ícone de Andrej Rublëv, nesse meandro de relações e inter-relações somos interpelados a refletir sobre a relação da pessoa humana com as Pessoas divinas, desaguando no Deus pessoal referido por Joseph Ratzinger (2005), na preleção sobre a fé no Deus Trino em sua *Introdução ao cristianismo*, obra na qual distingue a relação do cristão com a pessoalidade divina daquela estabelecida com uma energia transcendente.

Ao examinarmos as propriedades e a missão, incursão realizada no Capítulo 5, novamente adentramos na análise da Trindade imanente e econômica e evidenciamos a importância da correta fixação dos conceitos, o que, por sua vez, nos conduziu ao aprofundamento da renovação da abordagem trinitária com base no axioma fundamental de Rahner (1972) e seus desdobramentos doutrinários de endosso ou crítica.

Por derradeiro, o Capítulo 6 trouxe a perspectiva da interdisciplinaridade no estudo da Trindade. A teologia contemporânea considera a Trindade como uma comunidade da qual a comunidade humana é reflexa, sendo que a comunidade humana deve sinalizar igualmente a unidade da Trindade. Tal incidência do mistério trinitário na vida das pessoas é de extrema relevância, pois o ser humano é criado à imagem e semelhança de Deus (Gn 1,27). Ainda, o capítulo nos remeteu à dimensão trinitária em diversos aspectos de nossa vida. Dessa forma, que possamos, a partir de agora, asseverar: assim como Deus não é solidão no mais íntimo de seu mistério trinitário, também a pessoa não é solidão, mas, antes, pertencente a uma comunidade. Mais precisamente em nossa vida pessoal, somos interpelados à autorrealização e à felicidade humana, em perfeito sentido de existência e vida em plenitude à imagem e semelhança de Deus.

Na obra trinitária de Santo Agostinho, ele afirma que "é próprio de todos os homens quererem ser felizes" (Agostinho, 1994, p. 433). Já em sua obra *Beata Vita* (*A vida feliz*), o santo nos responde como alcançar essa felicidade, que reside na posse de Deus, obtida mediante o pleno conhecimento Dele. Assim, o bispo de Hipona argumenta que a verdadeira felicidade apenas é atingida por meio da comunhão com a Trindade (Agostinho, 1998, p. 156-157). Em *Confissões*, Santo Agostinho (2004, p. 281) ainda insiste no encontro com Deus como motivo para se chegar à vida feliz.

Assim, se a vocação do ser humano é a plena felicidade, sua busca apenas termina quando se alcança Deus em plenitude, aí sendo lograda a verdadeira felicidade e o pleno sentido da vida. Deus é amor e, se essa é a substância divina, criados que somos à imagem e semelhança de Deus, devemos refletir essa essência. Se somente encontramos a felicidade pelo conhecimento de Deus, o caminho para esse encontro passa pela via do amor, pois o versículo epistolar é muito claro ao dizer que "aquele que não ama não conhece a Deus porque Deus é amor" (Jo 4,8).

Para além disso, retomando aquele trecho da oração sacerdotal de Jesus, em que nos afirmou que "ninguém tem maior amor do que aquele que dá a sua vida pelos seus amigos" (Jo 15,13), se não há maior amor do que aquele que dá a vida por alguém, novamente somos interpelados a ser comunidade em Pericórese de comunhão e serviço, pois em dimensão escatológica todos lavarão os pés uns dos outros, sentando juntos à mesa para o banquete celestial.

Na busca pelo conhecimento de Deus, apesar das conquistas obtidas por meio deste livro, ainda há muitos desafios, sendo indicado o desenvolvimento de leituras de cunho místico, com profusão eclesial, a fim de alcançar o encontro com Deus e a ascese à sua maravilhosa realidade. Que nos sirva de inspiração a oração da bem-aventurada Elisabete da Trindade (1989), expressamente referida no Catecismo da Igreja Católica (CIC), que, diga-se, nos orientou ao longo desta jornada:

> "Ó meu Deus, Trindade que adoro [...] que nada consiga perturbar a minha paz nem me fazer sair de Vós, ó meu Imutável, mas que cada minuto me leve mais longe na profundidade do vosso Mistério! Pacificai a minha alma! Fazei dela o vosso céu, vossa morada e o lugar do vosso repouso. Que nela eu nunca vos deixe só, mas que esteja aí, toda inteira, completamente vigilante na minha fé, toda adorante, toda entregue à vossa ação criadora." (CIC, n. 260)

Portanto, que possamos converter esta linha de chegada em ponto de partida para novas descobertas.

Referências

AGOSTINHO, Santo. **A Trindade**. São Paulo: Paulus, 1994. (Coleção Patrística, v. 7).

AGOSTINHO, Santo. **A vida feliz**. São Paulo: Paulus, 1998.

AGOSTINHO, Santo. **Confissões**. Tradução de J. Oliveira Santos e Ambrósio de Pina. São Paulo: Nova Cultural, 2004.

AQUINO, T. de. **Suma teológica**: Teologia – Deus – Trindade. 2. ed. São Paulo: Loyola, 2016. v. 1.

BALTHASAR, H. U. von. **Parole et mystère chez Origène**. Paris: Cerf, 1957.

BALTHASAR, H. U. von. **Teodramática 3**: las personas del drama – el hombre en Cristo. Madrid: Encuentro, 1993.

BASIL, St. Letter CCXXXVI. To the Same Amphilochius. In: SCHAFF, P.; WACE, H. Ed. **A Select Library of the Nicene and Post-Nicene Fathers of the Christian Church**. Second Series. New York: The Christian Literature Company, 1895a. p. 276-279. v. 8: St. Basil: Letters and Select Works. Disponível em <https://babel.hathitrust.org/cgi/pt?id=nyp.33433087370775&view=1up&seq=242>. Acesso em: 28 mar. 2020.

BASIL, St. Letter CXXV. A Transcript of the Faith as Dictated by Saint Basil, and Subscribed by Eustathius, Bishop of Sebasteia. In: SCHAFF, P.; WACE, H. Ed. **A Select Library of the Nicene and Post-Nicene Fathers of the Christian Church**. Second Series. New York: The Christian Literature Company, 1895b. p. 194-196. v. 8: St. Basil: Letters and Select Works. Disponível em <https://babel.hathitrust.org/cgi/pt?id=nyp.33433087370775&view=1up&seq=242>. Acesso em: 28 mar. 2020.

BASIL, St. Letter IX. To Maximous, the Philosopher. In: SCHAFF, P.; WACE, H. Ed. **A Select Library of the Nicene and Post-Nicene Fathers of the Christian Church**. Second Series. New York: The Christian Literature Company, 1895c. p. 122-123. v. 8: St. Basil: Letters and Select Works. Disponível em <https://babel.hathitrust.org/cgi/pt?id=nyp.33433087370775&view=1up&seq=242>. Acesso em: 28 mar. 2020.

BASIL, St. Letter LII. To the Canonice. In: SCHAFF, P.; WACE, H. Ed. **A Select Library of the Nicene and Post-Nicene Fathers of the Christian Church**. Second Series. New York: The Christian Literature Company, 1895d. p. 155-156. v. 8: St. Basil: Letters and Select Works. Disponível em <https://babel.hathitrust.org/cgi/pt?id=nyp.33433087370775&view=1up&seq=242>. Acesso em: 28 mar. 2020.

BASIL, St. Letter XXXVIII. To His Brother Gregory. In: SCHAFF, P.; WACE, H. Ed. **A Select Library of the Nicene and Post-Nicene Fathers of the Christian Church**. Second Series. New York: The Christian Literature Company, 1895e. p. 137-141. v. 8: St. Basil: Letters and Select Works. Disponível em <https://babel.hathitrust.org/cgi/pt?id=nyp.33433087370775&view=1up&seq=242>. Acesso em: 28 mar. 2020.

BEINERT, W.; STUBENRAUCH, B. **Novo léxico da teologia dogmática católica**. Tradução de Markus A. Hediger. Petrópolis: Vozes, 2015.

BELLITO, C. M. **História dos 21 Concílios da Igreja**: de Niceia ao Vaticano II. São Paulo: Loyola, 2010.

BENTO XVI, Papa. **Os padres da Igreja**: de Clemente de Roma a Santo Agostinho. Tradução de Euclides Luiz Calloni. São Paulo: Pensamento, 2010.

BÍBLIA. Português. A Bíblia Sagrada: Antigo e Novo Testamento. Tradução de João Ferreira de Almeida. Edição rev. e atualizada no Brasil. Brasília: Sociedade Bíblica do Brasil, 1969.

BÍBLIA. Português. Bíblia Sagrada. Tradução dos Monges Beneditinos de Maredsous. 5. ed. São Paulo: Ave-Maria, 2011.

BÍBLIA. Português. Bíblia Sagrada. Tradução dos Monges Beneditinos de Maredsous. 71 ed. São Paulo: Ave-Maria, 2007.

BINGEMER, M. C. L. A Trindade a partir da perspectiva da mulher. Revista Eclesiástica Brasileira, v. 46, p. 73-99, 1986.

BINGEMER, M. C. L. Em tudo amar e servir: mística trinitária e práxis cristã em Santo Inácio de Loyola. São Paulo: Loyola, 1990.

BINGEMER, M. C. L.; FELLER, V. G. Deus Trindade: a vida no coração do mundo. 2. ed. São Paulo: Paulinas; Valência: Siquém, 2009. (Coleção Livros Básicos de Teologia, v. 6).

BLANK, R. Deus e sua criação: doutrina de Deus, doutrina da criação. São Paulo: Paulus, 2013.

BLANQUET, J. M. La Sagrada Familia, ícono de la Trinidad. Barcelona: Hijos de la Sagrada Familia, 1996.

BOFF, C. Experiência de Deus e outros escritos de espiritualidade. São Paulo: Paulus, 2017.

BOFF, C. SS. Trindade: apontamentos. 2008. Mimeo.

BOFF, L. A Trindade, a sociedade e a libertação. Petrópolis: Vozes, 1986.

BOFF, L. A Trindade e a sociedade. Petrópolis: Vozes, 1987.

BOFF, L. Ecologia, mundialização, espiritualidade. São Paulo: Ática, 1993.

BOFF, L. Ecologia: grito da terra, grito dos pobres. São Paulo: Ática, 1995a.

BOFF, L. Princípio-terra. São Paulo: Ática, 1995b.

BOULENGER, A. Doutrina Católica: manual de instrução religiosa. Primeira Parte: O Dogma – Símbolo dos Apóstolos. Rio de Janeiro: Livraria Francisco Alves, 1927.

BRIGHENTI, A. A Pastoral dá o que pensar: a inteligência da prática transformadora da fé. São Paulo: Paulinas; Valência: Siquém, 2006. (Coleção Livros Básicos de Teologia, v. 15).

BUNGE, G. Lo Spirito Consolatore: il significato dell'iconografia della Santa Trinità dalle catacombe a Rublëv. Milano: La Casa di Matriona, 1995.

CAMBÓN, E. Assim na terra como na Trindade. São Paulo: Cidade Nova, 2000.

CANOBBIO, G. La Trinitá e la Chiesa. La Rivista del Clero Italiano, v. 79, p. 244-253; 366-379, 1998.

CANTALAMESSA, R. Contemplando a Trindade. Tradução de Alda da Anunciação Machado. 2. ed. São Paulo: Loyola, 2005.

CATECISMO da Igreja Católica. São Paulo: Vozes; Paulinas; Loyola; Ave-Maria, 1993.

CAYRÉ, F. La contemplation augustinienne: principes de spiritualité et de théologie. Paris: Bruges, 1974.

CELAM – Conselho Episcopal Latino-Americano. Documento de Aparecida: texto conclusivo da V Conferência Geral do Episcopado Latino-Americano e do Caribe. Brasília: CNBB; São Paulo: Paulus; Paulinas, 2007. Disponível em: <http://www.dhnet.org.br/direitos/cjp/a_pdf/cnbb_2007_documento_de_aparecida.pdf>. Acesso em: 28 mar. 2020.

CELAM – Conselho Episcopal Latino-Americano. Documentos do CELAM: conclusões das Conferências do Rio de Janeiro, Medellín, Puebla e Santo Domingo. São Paulo: Paulus, 2005. (Coleção Clássicos de Bolso).

CESAREIA, B. de. Homilia sobre Lucas 12. Homilias sobre a origem do homem. Tratado sobre o Espírito Santo. São Paulo: Paulus, 1998. (Coleção Patrística, v. 14). Disponível em: <https://filovida.org/wp-content/uploads/2017/05/Homilia-sobre-Lucas-_-Homilias-sobre-a-ori-Basilio-de-Cesareia.pdf>. Acesso em: 28 mar. 2020.

COMASTRI, A. Tu és Trindade. São Paulo: Paulinas, 2000.

COMISIÓN TEOLÓGICA INTERNACIONAL. Teología – Cristología – Antropología. 1982. Disponível em: <http://www.vatican.va/roman_curia/congregations/cfaith/cti_documents/rc_cti_1982_teologia-cristologia-antropologia_sp.html#_edn*>. Acesso em: 28 mar. 2020.

COMISSÃO TEOLÓGICA INTERNACIONAL. Comunhão e serviço: a pessoa humana criada à imagem de Deus. 2004. Disponível em: <http://www.vatican.va/roman_curia/congregations/cfaith/cti_documents/rc_con_cfaith_doc_20040723_communion-stewardship_po.html>. Acesso em: 28 mar. 2020.

COMISSÃO TEOLÓGICA INTERNACIONAL. Deus Trindade, unidade dos homens: o monoteísmo cristão contra a violência. 2014. Disponível em <http://www.vatican.va/roman_curia/congregations/cfaith/cti_documents/rc_cti_20140117_monoteismo-cristiano_po.html>. Acesso em: 28 mar. 2020.

CONGAR, Y. El Espiritu Santo. Barcelona: Herder, 1983.

CONSTITUIÇÃO Conciliar Pastoral Gaudium Et Spes. A Igreja no mundo de hoje. In: KLOPPENBURG, B. (Org.). Compêndio do Vaticano II: constituições, decretos, declarações. 29. ed. Petrópolis: Vozes, 2000. p. 141-256.

CONSTITUIÇÃO Conciliar Sacrosanctum Concilium. In: KLOPPENBURG, B. (Org.). Compêndio do Vaticano II: constituições, decretos, declarações. 29. ed. Petrópolis: Vozes, 2000. p. 257-306.

CONSTITUIÇÃO Dogmática Lumen Gentium. In: KLOPPENBURG, B. (Org.). Compêndio do Vaticano II: constituições, decretos, declarações. 29. ed. Petrópolis: Vozes, 2000. p. 37-117.

DALMAU, I. M.; SAGUES, I. E. Sacrae Theologiae Summa. Madrid: BAC 90, 1955. Tomo II.

DECRETO Ad Gentes. A atividade missionária da Igreja. In: KLOPPENBURG, B. (Org.). Compêndio do Vaticano II: constituições, decretos, declarações. 29. ed. Petrópolis: Vozes, 2000. p. 350-399.

DECRETO Unitatis Redintegratio. O ecumenismo. In: KLOPPENBURG, B. (Org.). Compêndio do Vaticano II: constituições, decretos, declarações. 29. ed. Petrópolis: Vozes, 2000. p. 308-332.

DEL CURA ELENA, S. Perikhóresis. In: PIKAZA, X.; SILANES, N. (Dir.). Dicionário teológico: o Deus cristão. São Paulo: Paulus, 1998. p. 694-699.

DENZINGER, H. Compêndio dos símbolos, definições e declarações de fé e moral. São Paulo: Paulinas; Loyola, 2007.

DIDAQUÉ. O catecismo dos primeiros cristãos para as comunidades de hoje. 16. ed. São Paulo: Paulus, 2009.

DUPUIS, J. **Introdução à cristologia**. Tradução de Aldo Vannucchi. 2. ed. São Paulo: Loyola, 2004.

DURAND, A. Implicações políticas da questão de Deus. **Concilium**, n. 76, p. 761-768, 1972.

ELISABETE DA TRINDADE, Irmã. **A Trindade que habita em nós**. São Paulo: Paulinas, 1980.

FORTE, B. **A Trindade como história**: ensaio sobre o Deus cristão. 2. ed. São Paulo: Paulinas, 1987.

FORTE, B. **Jesus de Nazaré**: história de Deus, Deus da história. São Paulo: Paulinas, 1985.

FRANCISCO, Papa. **Encíclica Apostólica Laudato Si'**: sobre o cuidado da casa comum. São Paulo: Loyola; Paulus, 2015.

GEBARA, I. **Trindade, palavra sobre coisas velhas e novas**: uma perspectiva ecofeminista. São Paulo: Paulinas, 1994.

GIORDANO, N. **A família, ícone da Trindade**. São Paulo: Paulinas, 2000.

GOMES, C. F. **A doutrina da Trindade eterna**: o significado da expressão "três pessoas". Rio de Janeiro: Lúmen Christi, 1979.

GREGÓRIO DE NAZIANZO, São. **Discursos teológicos**. Petrópolis: Vozes, 1984.

HAMMAN, A. G. **Os padres da Igreja**. 2. ed. São Paulo: Paulus, 2002.

JOÃO XXIII, Papa. **Mater et Magistra**. Roma, 15 maio 1961. Disponível em: <http://www.vatican.va/content/john-xxiii/pt/encyclicals/documents/hf_j-xxiii_enc_15051961_mater.html>. Acesso em: 28 mar. 2020.

JOÃO PAULO II, Papa. **Centesimus Annus**. Roma, 1º maio 1991. Disponível em: <http://w2.vatican.va/content/john-paul-ii/pt/encyclicals/documents/hf_jp-ii_enc_01051991_centesimus-annus.html>. Acesso em: 28 mar. 2020.

JOÃO PAULO II, Papa. **Christifideles Laici**. Roma, 30 dez. 1988. Disponível em <http://w2.vatican.va/content/john-paul-ii/pt/apost_exhortations/documents/hf_jp-ii_exh_30121988_christifideles-laici.html>. Acesso em: 28 mar. 2020.

JOÃO PAULO II, Papa. **Dominum et Vivificantem**. Roma, 18 maio 1986. Disponível em: <http://w2.vatican.va/content/john-paul-ii/pt/encyclicals/documents/hf_jp-ii_enc_18051986_dominum-et-vivificantem.html>. Acesso em: 28 mar. 2020.

JOÃO PAULO II, Papa. **Ecclesia in America**. Roma, 22 jan. 1999. Disponível em <http://w2.vatican.va/content/john-paul-ii/pt/apost_exhortations/documents/hf_jp-ii_exh_22011999_ecclesia-in-america.html>. Acesso em: 28 mar. 2020.

JOÃO PAULO II, Papa. **Familiaris Consortio**. Roma, 22 nov. 1981. Disponível em: <http://w2.vatican.va/content/john-paul-ii/pt/apost_exhortations/documents/hf_jp-ii_exh_19811122_familiaris-consortio.html>. Acesso em: 28 mar. 2020.

JOÃO PAULO II, Papa. **Gratissimam Sane**. Roma, 2 fev. 1994. Disponível em <http://w2.vatican.va/content/john-paul-ii/pt/letters/1994/documents/hf_jp-ii_let_02021994_families.html>. Acesso em: 28 mar. 2020.

JOÃO PAULO II, Papa. **Sollicitudo Rei Socialis**. Roma, 30 dez. 1987. Disponível em: <http://w2.vatican.va/content/john-paul-ii/pt/encyclicals/documents/hf_jp-ii_enc_30121987_sollicitudo-rei-socialis.html>. Acesso em: 28 mar. 2020.

JOÃO PAULO II, Papa. **Vita Consecrata**. Roma, 25 março 1996. Disponível em: <http://w2.vatican.va/content/john-paul-ii/pt/apost_exhortations/documents/hf_jp-ii_exh_25031996_vita-consecrata.html#fnref33>. Acesso em: 28 mar. 2020.

JOHNSON, E. A. **Aquela que é**: o mistério de Deus no trabalho teológico feminino. Petrópolis: Vozes, 1995.

JOSAPHAT, C. **Em nome do Pai, do Filho e do Espírito Santo**: comunhão divina, solidariedade humana. São Paulo: Paulinas, 2000.

JÜNGEL, E. **Dios como misterio del mundo**. Salamanca: Sígueme, 1984.

KASPER, W. **Le Dieu des chrétiens**. Paris: CERF, 1985.

KELLY, J. N. D. **Early Christian Creeds**. New York: McKay, 1972.

KLOPPENBURG, B. **Trindade**: o amor de Deus. 3. ed. Petrópolis: Vozes, 2001.

LADARIA, L. F. **O Deus vivo e verdadeiro**: o mistério da Trindade. Tradução de Paulo Gaspar de Meneses. 2. ed. São Paulo: Loyola, 2012.

LAFONT, G. **História teológica da Igreja Católica**: itinerário e formas da teologia. São Paulo: Paulinas, 2000.

LAFONT, G. **Peut-on connaître Dieu en Jesus-Christ?** Paris: Cerf, 1970.

LEÃO XIII, Papa. **Divinum Illud Munus**. Roma, 9 de maio 1897. Disponível em: <http://w2.vatican.va/content/leo-xiii/es/encyclicals/documents/hf_l-xiii_enc_09051897_divinum-illud-munus.html>. Acesso em: 28 mar. 2020.

LORENZEN, L. F. **Introdução à Trindade**. São Paulo: Paulus, 2002.

MILANO, A. **Persona in Teologia**. Nápoles: Dehoniane, 1984.

MOLTMANN, J. **Trindade e Reino de Deus**. Petrópolis: Vozes, 2000.

MONDIN, B. **Definição filosófica da pessoa humana**. Bauru: Edusc, 1998.

MÜLLER, G. L. **Dogmática católica**: teoria e prática da teologia. Petrópolis: Vozes, 2015.

MUÑOZ, R. **Trindade de Deus Amor oferecido em Jesus, o Cristo**. São Paulo: Paulinas, 2002.

NÉDONCELLE, M. **Personne humaine et nature**: étude logique et métaphysique. Paris: Montaigne, 1963.

NYSSA, G. On the Holly Spirit against Macedonius. In: SCHAFF, P.; WACE, H. Ed. **A Select Library of the Nicene and Post-Nicene Fathers of the Christian Church**. Second Series. New York: The Christian Literature Company, 1893a. p. 315-325. v. 5: Gregory of Nyssa: Dogmatic Treatises, etc. Disponível em: <https://babel.hathitrust.org/cgi/pt?id=nyp.33433087370742&view=1up&seq=10>. Acesso em: 28 mar. 2020.

NYSSA, G. On the Holly Trinity. In: SCHAFF, P.; WACE, H. Ed. **A Select Library of the Nicene and Post-Nicene Fathers of the Christian Church**. Second Series. New York: The Christian Literature Company, 1893b. p. 326-330. v. 5: Gregory of Nyssa: Dogmatic Treatises, etc. Disponível em: <https://babel.hathitrust.org/cgi/pt?id=nyp.33433087370742&view=1up&seq=10>. Acesso em: 28 mar. 2020.

OFÍCIO DIVINO. **Liturgia das Horas**: Segundo o rito romano. Vol. III. Tempo Comum. 1ª-17ª Semana. São Paulo: Paulinas, Paulus, Ave-Maria; Petrópolis: Vozes, 2000, p. 529-531.

OLIVEIRA, A. Q. **Introdução à Patrística**. [s.d.]. Mimeo.

OLIVEIRA, J. L. M. de. **A vocação à União Divina**: a teologia trinitária e a antropologia teológica de Giustino Russolillo. Vitória da Conquista: Spiritus Domini, 1992.

OLIVEIRA, J. L. M. de. **O amante, o amado e o amor:** breves reflexões sobre o Deus de Jesus. São Paulo: Paulinas, 2017.

PASSARELLI, G. **O ícone da Trindade.** São Paulo: Ave Maria, 1996.

PAULO VI, Papa. **Humanae Vitae.** Roma, 25 jul. 1968. Disponível em: <http://w2.vatican.va/content/paul-vi/pt/encyclicals/documents/hf_p-vi_enc_25071968_humanae-vitae.html>. Acesso em: 28 mar. 2020.

PAULO VI, Papa. **Populorum Progressio.** Roma, 26 mar. 1967. Disponível em: <http://w2.vatican.va/content/paul-vi/pt/encyclicals/documents/hf_p-vi_enc_26031967_populorum.html>. Acesso em: 28 mar. 2020.

PEREGRINO DA TRINDADE, H. **Peregrinando ao encontro da Trindade:** cartas da rua e da estrada. São Paulo: Paulinas, 1997.

PEREIRA, E. **Resumo do livro XV da obra 'A Trindade', de Santo Agostinho.** 2014. Resumo. Mimeo.

PEREIRA, E.; RIBEIRO, C. L. A inclusão da pessoa com deficiência na vida comunitária eclesial: contexto, perspectivas teológicas e horizontes de ação. **Caderno Teológico da PUCPR**, Curitiba, v. 2, n. 2, 2014.

PETERSON, E. **Il monoteismo come problema politico.** Brescia: Queriniana, 1983.

PIO IX, Papa. **Dei Filius.** Roma, 24 abr. 1870. Disponível em: <https://w2.vatican.va/content/pius-ix/it/documents/constitutio-dogmatica-dei-filius-24-aprilis-1870.html>. Acesso em: 28 mar. 2020.

POITIERS, H. de. **Tratado sobre a Santíssima Trindade.** São Paulo: Paulus, 2005. (Coleção Patrística, n. 22).

PONTIFÍCIO CONSELHO JUSTIÇA E PAZ. **Compêndio da Doutrina Social da Igreja.** 2004. Disponível em: <http://www.vatican.va/roman_curia/pontifical_councils/justpeace/documents/rc_pc_justpeace_doc_20060526_compendio-dott-soc_po.html>. Acesso em: 28 mar. 2020.

RAHNER, K. O Deus Trino, fundamento transcendente da história da salvação. In: FEINER, J.; LÖHRER, M. **Mysterium Salutis.** Petrópolis: Vozes, 1972. p. 283-359.

RAHNER, K. **Saggi teologici.** Roma: Paoline, 1965.

RATZINGER, J. **Introdução ao cristianismo**: preleções sobre o Símbolo Apostólico. Tradução de Alfred J. Keller. 8. ed. São Paulo: Loyola, 2005.

ROMA, J. de. **I e II Apologias**: Diálogo com Trifão. Tradução de Ivo Storniolloe Euclides Balancin. São Paulo: Paulus, 1995. (Coleção Patrística, v. 3).

ROVIRA BELLOSO, J. M. **Os sacramentos**: símbolos do espírito. Tradução de José Afonso Beraldin. São Paulo: Paulinas, 2005. (Coleção Sacramentos e Sacramentais).

ROVIRA BELLOSO, J. M. Pessoas divinas. In: PIKAZA, X.; SILANES, N. (Dir.). **Dicionário teológico**: o Deus cristão. São Paulo: Paulus, 1998. p. 699-708.

SCHOONENBERG, P. J. A. M. **Un Dios de los hombres**. Barcelona: Herder, 1972.

SCHÜTZ, C.; SARACH, R. O homem como pessoa. In: FEINER, J.; LÖHRER, M. **Mysterium Salutis**. Petrópolis: Vozes, 1972. p. 73-89.

SEPE, C. **Persona e storia**: per uma teologia della persona. Paoline: Cinisello Balsamo, 1991.

SILANES, N. **O dom de Deus**: a Trindade em nossa vida. São Paulo: Paulinas, 2005.

ŠPIDLÍK, T. **Nós na Trindade**: breve ensaio sobre a Trindade. São Paulo: Paulinas, 2004.

STOKS, P. M. **Meu céu na terra**. São Paulo: Paulinas, 1955.

SUSIN, L. C. **Deus**: Pai, Filho e Espírito Santo. São Paulo: Paulinas, 2003.

TEPE, V. **Nós somos um**: retiro trinitário. Petrópolis: Vozes, 1987.

TRADIÇÃO Apostólica de Hipólito de Roma: liturgia e catequese em Roma no século III. Tradução de Maria Glória Novak. Petrópolis: Vozes, 1971. (Coleção Clássicos da Iniciação Cristã).

WERBICK, J. M. Doutrina da Trindade. In: SCHNEIDER, T. (Org.). **Manual de dogmática**. Petrópolis: Vozes, 2001. p. 427-511. v. II.

ZURBANO, J. A atitude da Igreja diante da pessoa portadora de deficiência. In: BENENZON, R. (Org.). **As pessoas portadoras de deficiência e nós**. Tradução de Marisa do Nascimento Paro. São Paulo: Paulinas, 2001. p. 189-214.

Lista de siglas

Documentos eclesiais

AG	Decreto *Ad Gentes*, Concílio Vaticano II
CA	Carta encíclica *Centesimus Annus*
Celam	Conselho Episcopal Latino-Americano
CIC	Catecismo da Igreja Católica
CL	Exortação apostólica pós-sinodal *Christifideles Laici*
DAp	Documento de Aparecida
DP	Documento de Puebla
DSI	Doutrina Social da Igreja
EAm	Exortação apostólica pós-sinodal *Ecclesia in America*
GS	Constituição pastoral *Gaudium et Spes*, Concílio Vaticano II
HV	Carta encíclica *Humanae Vitae*
JOC	Juventude Operária Católica
LG	Constituição dogmática *Lumen Gentium*, Concílio Vaticano II

OFM	Ordem dos Frades Menores
OSM	Ordem dos Servos de Maria
OP	Ordem dos Pregadores, também conhecida por Ordem Dominicana
PP	Carta encíclica *Populorum Progressio*
RN	Carta encíclica *Rerum Novarum*
SC	Constituição conciliar *Sacrosanctum Concilium*, Concílio Vaticano II
SRS	Carta encíclica *Sollicitudo Rei Socialis*
UR	Decreto *Unitatis Redintegratio*, Concílio Vaticano II

Livros bíblicos

Ap	Apocalipse de João
At	Atos dos Apóstolos
Cl	Epístola aos Colossenses
1Cor	1ª Epístola aos Coríntios
2Cor	2ª Epístola aos Coríntios
Dt	Livro do Deuteronômio
Ef	Epístola aos Efésios
Ex	Livro do Êxodo
Ez	Ezequiel
Fl	Epístola aos Filipenses
Gl	Epístola aos Gálatas
Hb	Epístola aos Hebreus
Gn	Livro do Gênesis
Is	Livro de Isaías
Jo	Evangelho segundo São João
Jó	Livro de Jó
1Jo	1ª Epístola de São João
Jud	Epístola de São Judas
Lc	Evangelho segundo São Lucas

Mc	Evangelho segundo São Marcos
2Mac	2º Livro dos Macabeus
Mt	Evangelho segundo São Mateus
1Pd	1ª Epístola de São Pedro
Prov	Livro dos Provérbios
Rm	Epístola aos Romanos
Sl	Livro dos Salmos
Tg	Epístola de São Tiago
1Ts	1ª Epístola aos Tessalonicenses
Tt	Tito
1Tm	1ª Epístola a Timóteo
2Tm	2ª Epístola a Timóteo

Glossário

Adocionismo – heresia que negava a natureza divina de Jesus, considerando-O um mero humano que foi adotado como Filho de Deus após a ressurreição e, dessa forma, alçado à altura de Deus.

Apropriação – palavra que designa um atributo de Deus conferido a qualquer uma das Pessoas da Trindade em específico, mas que pode ser afirmado sobre todas as Pessoas, simultaneamente. No interior da Trindade, uma obra é atribuída a determinada hipóstase individualmente, porém, no exterior da Trindade, tal especificação é vista em unidade, como se a obra fosse operada em conjunto. A errônea compreensão pode redundar na heresia do triteísmo.

Arianismo – heresia que nega a divindade de Jesus, que ocuparia posição intermediária entre divindade e humanidade. Jesus seria mera criatura, não gerado, com natureza distinta da natureza do Pai. Negava, portanto, a consubstancialidade do Filho ao Pai.

Atanasiano – referente a Atanásio.

Cristologia – tratado alusivo a Jesus Cristo, englobando sua doutrina.

Cristomonismo – ênfase conferida pela Igreja ocidental à Pessoa do Filho, relegando para segundo plano o Espírito Santo e a dimensão trinitária.

Consubstancial – termo traduzido do grego *homooúsios*. Palavra que foi consagrada no Concílio de Niceia para designar o Filho como da mesma natureza do Pai.

Dogma – questão essencial já definida e indiscutível no Magistério da Igreja, em qualquer doutrina ou sistema.

Doxologia – fórmula contida na parte final de orações cristãs usadas na Liturgia.

Ebionismo – heresia que negava a divindade do Filho, então tido como um pobre servo de Deus, que o assumiu em sua função salvífica.

Economia – palavra referida em grego como *Oikonomia*, que designa o modo como Deus se revela a nós. O Catecismo da Igreja Católica afirma que é pela economia que nos é revelada a Teologia.

Espiração – palavra que designa a procession da Pessoa do Espírito Santo. A espiração ativa ocorre quando a procedência é feita pelo Pai e pelo Filho, e a espiração passiva guarda relação com a própria Pessoa do Espírito Santo.

Essência – palavra usada para designar a substância comum às três Pessoas trinitárias.

Filioque – termo proveniente do latim que significa "e também do Filho" e que foi agregado pelo Ocidente no Credo Niceno-Constantinopolitano para designar a procedência do Espírito Santo pelo Pai e pelo Filho.

Heresia – pensamento contrário ao que foi admitido pelo Magistério da Igreja em questões da fé.

Hipóstase – palavra traduzida do grego *hypóstasis*, que designa cada uma das Pessoas divinas.

Inabitação – referente à morada de Deus em nós, por meio da presença do Espírito Santo.

Logos – termo grego que significa "palavra" ou "pensamento". Utilizado pelo evangelista João para designar Jesus Cristo, segunda Pessoa da Trindade, como o Verbo de Deus encarnado.

Missão – termo traduzido do latim *mittere*, que significa "enviar", indicando o envio da segunda e terceira Pessoas da Trindade (Filho e Espírito Santo) para nossa redenção e santificação. A missão do Filho ocorre pela encarnação e a do Espírito Santo pela inabitação.

Mistério – termo traduzido do grego *mysterium*, que significa "aquilo que é silenciado", "o que é mantido em segredo", como em um enigma.

Modalismo – heresia na qual as Pessoas divinas são consideradas modos de manifestação de uma única Pessoa, como se fossem máscaras, personagens do único Deus.

Monarquianismo – heresia que nega a Trindade, afirmando o Pai como única Pessoa, um monarca.

Monofisismo – heresia que reconhecia em Jesus Cristo uma única natureza.

Monoteísmo – crença em um único Deus.

Natureza – termo empregado na teologia trinitária como sinônimo de *essência* ou *substância*, designando o que as três Pessoas divinas têm em comum, definindo sua unidade.

Nestoriano – heresia que concebia em Cristo duas naturezas e duas Pessoas, humana e divina.

Noções – termo que designa características próprias que permitem o conhecimento das Pessoas divinas nelas mesmas, cada qual distinta da outra. O Magistério da Igreja consagra cinco: inascibilidade e paternidade para o Pai, filiação para o Filho, espiração ativa para o Pai e o Filho e espiração passiva para o Espírito Santo.

Paráclito – termo que designa o Espírito Santo.

Patripassianismo – heresia que designa a paixão ou sofrimento do Pai, por admitir que este seria Jesus encarnado.

Patrística – ciência que estuda a doutrina dos Santos Padres, primeiros formuladores da doutrina cristã, dos séculos II a VII, também abrangendo a história trinitária dessa doutrina.

Pericórese – interpenetração das Pessoas divinas, como que num movimento dinâmico de entrelaçamento no interior da Trindade, que serve de ponte entre a unidade e a Trindade.

Pessoa – termo traduzido do latim *personare*, equivalente ao grego *prósopon* (significando a máscara usada no teatro), mas que foi dado à hipóstase para fazer referência a um sujeito racional ou espiritual. Substância individual de natureza racional que existe por si.

Politeísmo – crença em vários deuses.

Pneumatômacos – adeptos da heresia que considerava o Espírito Santo como criatura do Filho.

Pneumatomonismo – ênfase conferida pela Igreja à Pessoa do Espírito Santo, relegando para segundo plano a Pessoa do Filho e a dimensão trinitária.

Processão divina – origem, procedência, proveniência. A expressão permite esclarecer as relações estabelecidas entre as Pessoas divinas, identificando-se sua origem como princípio. Duas são as processões: do Filho, originado por meio da geração, e do Espírito Santo, originado por meio da espiração ativa do Pai e do Filho.

Propriedade – característica específica e exclusiva de uma Pessoa divina, que não se comunica com as demais. As hipóstases têm propriedades que, porém, não se distinguem umas das outras na substância.

Relação – chave de interpretação para a distinção das Pessoas trinitárias, categoria que constitui as Pessoas divinas, por referência umas às outras.

Soteriologia – campo da teologia que estuda a salvação.

Substância – termo empregado trinitariamente para designar aquilo que as três Pessoas divinas têm em comum, servindo de fundamento para sua unidade.

Subordinacionismo – heresia que sustentava que o Filho era subordinado ao Pai, e não a Ele consubstancial. Admite as três Pessoas, mas reconhece a divindade apenas em relação à primeira.

Teísmo – doutrina que admite a existência de um deus pessoal, causa do mundo.

Tratado – estudo fundamentando e sistematizado sobre determinado tema, de caráter formal e doutrinário.

Trindade – designação dada a Deus, existente na unidade de três Pessoas, que são o Pai, o Filho e o Espírito Santo, servindo de distinção da teologia cristã em relação às demais religiões.

Trindade econômica – também denominada *Trindade histórica*. Está voltada para nós, pois iniciada na Criação e comunicada na história da humanidade, o que permitiu a Revelação da Trindade imanente, a qual pressupõe.

Trindade imanente – Trindade intradivina, em si mesma, eterna, em Pericórese entre o Pai, o Filho e o Espírito Santo.

Triteísmo – heresia na qual se reconhecem três deuses, dividindo a unidade em três hipóstases totalmente separadas e estranhas um às outras. Haveria, por isso, três essências.

Bibliografia comentada

BEINERT, W.; STUBENRAUCH, B. **Novo léxico da teologia dogmática católica.** Tradução de Markus A. Hediger. Petrópolis: Vozes, 2015.

Trata-se de uma obra indispensável no estudo da teologia, para todos aqueles que buscam não apenas adquirir como também aperfeiçoar conhecimentos no campo teológico. De fácil manuseio, a obra contém o que há de mais atualizado sobre questões fundamentais da fé cristã, com esquemas ilustrativos, gráficos e tabelas, além de um detalhado índice analítico, que permite a referência cruzada entre diversos verbetes.

BINGEMER, M. C. L.; FELLER, V. G. **Deus Trindade**: a vida no coração do mundo. 2. ed. São Paulo: Paulinas; Valência: Siquém, 2009. (Coleção Livros Básicos de Teologia, v. 6).

Sob o ousado propósito de ajudar o leitor num encontro em maior profundidade com Deus, em sua identidade, modo de agir e de se expressar conosco, a obra é didática e indicada para agentes de pastoral, que são orientados pelos autores ao encontro, por meio do texto bíblico, do próprio Jesus Cristo e da própria experiência.

BOFF, L. **A Trindade, a sociedade e a libertação**. Petrópolis: Vozes, 1986.

Trata-se de um estudo realizado sob a ótica da libertação, insistindo nos reflexos da Trindade na vida e organização da Igreja e da sociedade.

BOFF, L. **Ecologia, mundialização, espiritualidade**. São Paulo: Ática, 1993.

O livro aborda a ideia da Trindade como Deus ecológico, com base em um novo paradigma, justamente definido como comunhão pericorética ou como diálogo de tudo com tudo dentro da comunidade cósmica.

BOFF, L. **Princípio-terra**. São Paulo: Ática, 1995.

O autor sintetiza sua visão ecológico-cosmológica em função da teologia da libertação. Sob a categoria fundante denominada *sustentabilidade*, o teólogo concebe o conceito que dá título ao livro como uma nova consciência humanitária, com o objetivo de harmonizar a humanidade com a Terra, sua existência e evolução. Para tanto, a Terra é tomada como princípio que deve ordenar uma nova radicalidade de pensamentos e atitudes da humanidade. A obra busca responder qual é o futuro do planeta Terra, pátria comum, e como pode contribuir para sua preservação, assegurando sua existência e evolução, bem como da própria humanidade.

CANTALAMESSA, R. **Contemplando a Trindade**. Tradução de Alda da Anunciação Machado. 2. ed. São Paulo: Loyola, 2005.

De caráter espiritual, essa obra reúne meditações realizadas durante um retiro na Casa Pontifícia durante o Ano Jubilar de 2000, contendo ilustrações célebres da Trindade para impulsionar a espiritualidade trinitária nos leigos de nossas comunidades.

FORTE, B. **A Trindade como história**: ensaio sobre o Deus cristão. 2. ed. São Paulo: Paulinas, 1987.

Como o próprio título indica, a obra enfatiza a Trindade econômica, sendo destinada, sobretudo, a professores, estudantes e demais interessados, propondo um aprofundamento do conhecimento trinitário, com vistas ao crescimento na experiência sobre o tema.

KLOPPENBURG, B. **Trindade**: o amor de Deus. 3. ed. Petrópolis: Vozes, 2001.

A obra propõe um estudo na linha do magistério sólido da Igreja, com linguagem simples, sem perder a ortodoxa fidelidade à complicada terminologia e doutrina teológica.

LADARIA, L. F. **O Deus vivo e verdadeiro**: o mistério da Trindade. Tradução de Paulo Gaspar de Meneses. 2. ed. São Paulo: Loyola, 2012.

A obra deita raízes em duas preocupações. Num primeiro momento, busca subsidiar o leitor com os principais dados do Novo Testamento, da Tradição e do Magistério da Igreja quanto ao mistério trinitário, apresentando os fundamentais contributos sistemáticos que orientaram o assunto sob as perspectivas histórica e teológica. Na sequência, o autor dedica-se a articulá-lo de modo coerente, revelando a relação intrínseca entre os diversos aspectos tratados. A linguagem é densa, porém acessível.

LORENZEN, L. F. **Introdução à Trindade**. São Paulo: Paulus, 2002.

Esse livro pertence à Coleção Teologia Hoje e analisa a interpretação conferida pelo Oriente e pelo Ocidente à doutrina trinitária. Outrossim, a obra aborda a Trindade sob o olhar da teologia contemporânea, com ênfase no viés feminista e processual, a fim de conferir à doutrina uma "re-autenticidade". O texto é de fácil leitura e compreensão.

MOLTMANN, J. **Trindade e Reino de Deus**. Petrópolis: Vozes, 2000.

A obra constitui um tratado bem redigido que destaca a Trindade econômica e social, defendendo a problemática ideia do sofrimento no coração da Trindade. O teólogo evangélico desenvolve uma inovadora interpretação para o estudo trinitário, pautado em leitura com grande acento social. Para tanto, apresenta uma análise social da Trindade no último dos seis capítulos do livro, refutando o que denomina *concepção monoteísta de Deus*, derivada da tradição de Santo Agostinho e seus seguidores. Também merece destaque a fundamentação de seu estudo trinitário pela via soteriológica, salvífica, com base na paixão de Cristo, novamente considerando que, além de econômica, a Trindade é social, embasada num conceito de relação que situa a unidade na comunidade compartilhada das três Pessoas, em Pericórese.

MÜLLER, G. L. **Dogmática católica**: teoria e prática da teologia. Petrópolis: Vozes, 2015.

Trata-se de um manual conciso sobre a dogmática católica, contemplando todos os tratados sob os enfoques bíblico, histórico, teológico e sistemático. Segundo Bento XVI, a obra consiste "no único manual de nossa disciplina disponível atualmente no mercado, escrito por um único autor, que põe em foco a unidade interior do grande sistema da fé católica".

OLIVEIRA, J. L. M. de. **O amante, o amado e o amor**: breves reflexões sobre o Deus de Jesus. São Paulo: Paulinas, 2017.

Esse livro pertence à Coleção Teologia em Debate e trata da insuficiência da reflexão, estudo e pesquisa sobre o Deus dos cristãos. Defende que os cristãos ou até mesmo os livros que tratam de Deus podem se expressar de modo inadequado e alimentar dúvidas, pois toda teologia e todo culto refletem sempre a perspectiva de um dado ambiente cultural, social, religioso e econômico. O estudo propõe a empenhada tarefa de romper limites culturais e acrescentar novos elementos reflexivos, a fim de desmascarar falsos cristianismos que levariam a um Deus falso. É voltado ao atendimento de necessidades imediatas e de interesses de determinados grupos. Trata-se de uma leitura acessível a todos os públicos.

RATZINGER, J. **Introdução ao cristianismo**: preleções sobre o Símbolo Apostólico. Tradução de Alfred J. Keller. 8. ed. São Paulo: Loyola, 2005.

A obra nasceu em 1967, fruto de preleções conferidas ao longo do segundo semestre pelo ainda não pontífice em Tübingen, para estudantes de diversas faculdades, sob o propósito de levá-los a um novo modo de compreensão da fé, "como possibilidade de um verdadeiro humanismo no mundo hodierno". Recomendamos de modo especial a leitura do Capítulo V, que trata da fé no Deus Trino. Trata-se de uma leitura densa.

SILANES, N. **O dom de Deus**: a Trindade em nossa vida. São Paulo: Paulinas, 2005.

O autor é da Ordem da Santíssima Trindade e especialista em trinitologia, sendo coeditor do *Dicionário teológico: o Deus cristão*. O livro é um tratado referente à ótica vivencial-espiritual, enfatizando a ideia do ser humano criado à imagem da Trindade.

ŠPIDLÍK, T. **Nós na Trindade**: breve ensaio sobre a Trindade. São Paulo: Paulinas, 2004.

A ótica é espiritual, mas baseada em sólida doutrina bíblico-patrística, com sensibilidade para a teologia oriental, na qual o autor (um jesuíta tcheco, cardeal) é especialista.

Apêndice

Apêndice 1

Quadro A – Evolução da doutrina trinitária, do Símbolo dos Apóstolos ao Credo de Niceia-Constantinopla

SÍMBOLO DOS APÓSTOLOS[1]	CREDO DE NICEIA-CONSTANTINOPLA[2]
Creio em Deus, Pai todo-poderoso, Criador do Céu e da Terra;	Creio em um só Deus, Pai todo-poderoso, Criador do Céu e da Terra, de todas as coisas visíveis e invisíveis.
e em Jesus Cristo, seu único Filho, nosso Senhor,	Creio em um só Senhor, Jesus Cristo, Filho Unigênito de Deus, nascido do Pai antes de todos os séculos: Deus de Deus, luz da luz, Deus verdadeiro de Deus verdadeiro; gerado, não criado, consubstancial ao Pai. Por Ele todas as coisas foram feitas. E por nós, homens, e para nossa salvação desceu dos Céus.

(continua)

1 Cf. Denzinger (2007, p. 27).
2 Cf. Denzinger (2007, p. 66-67).

(Quadro A – conclusão)

SÍMBOLO DOS APÓSTOLOS[1]	CREDO DE NICEIA-CONSTANTINOPLA[2]
que foi concebido pelo poder do Espírito Santo; nasceu da Virgem Maria;	E encarnou pelo Espírito Santo, no seio da Virgem Maria, e Se fez homem.
padeceu sob Pôncio Pilatos, foi crucificado, morto e sepultado; desceu à mansão dos mortos; ressuscitou ao terceiro dia; subiu aos Céus; está sentado à direita de Deus Pai todo-poderoso, de onde há-de vir a julgar os vivos e os mortos.	Também por nós foi crucificado sob Pôncio Pilatos; padeceu e foi sepultado. Ressuscitou ao terceiro dia, conforme as Escrituras; e subiu aos Céus, onde está sentado à direita do Pai. De novo há-de vir em sua glória, para julgar os vivos e os mortos; e o seu Reino não terá fim.
Creio no Espírito Santo;	Creio no Espírito Santo, Senhor que dá a vida, e procede do Pai e do Filho; e com o Pai e o Filho é adorado e glorificado: Ele que falou pelos profetas.
na santa Igreja Católica; na comunhão dos Santos;	Creio na Igreja una, santa, católica e apostólica.
na remissão dos pecados; na ressurreição da carne; na vida eterna. Amém.	Professo um só Batismo para remissão dos pecados. E espero a ressurreição dos mortos, e a vida do mundo que há-de vir. Amém.

Anexos

Anexo 1

Luz, esplendor e graça na Trindade e da Trindade[1].

Não devemos perder de vista a tradição, a doutrina e a fé da Igreja Católica, tal como o Senhor ensinou, tal como os apóstolos pregaram e os santos Padres transmitiram. De fato, a tradição constitui o alicerce da Igreja, e todo aquele que dela se afasta deixa de ser cristão e não merece mais usar este nome.

Ora, a nossa fé é esta: cremos na Trindade santa e perfeita, que é o Pai, o Filho e o Espírito Santo; nela não há mistura alguma de elemento

---

[1] Consiste na Segunda leitura contida no Ofício das Leituras da Liturgia da Horas III, na parte que trata das Solenidades do Senhor durante o Tempo Comum, mais especificamente o Domingo depois de Pentecostes, consagrado à solenidade da Santíssima Trindade. É o próprio livro de culto divino que esclarece a origem da leitura, de autoria de Santo Atanásio, por meio da expressão "Das Cartas de Santo Atanásio, bispo (Ep. 1 ad Serapionem, 28-30: n.26, 594-595, 599) (Séc. IV)".

estranho; não se compõe de Criador e criatura; mas toda ela é potência e força operativa; uma só é a sua natureza, uma só é a sua eficiência e ação. O Pai cria todas as coisas por meio do Verbo, no Espírito Santo; e deste modo, se afirma a unidade da Santíssima Trindade. Por isso, proclama-se na Igreja um só Deus, *que reina sobre tudo, age em tudo e permanece em todas as coisas* (cf. Ef 4,6). *Reina sobre tudo* como Pai, princípio e origem; *age em tudo*, isto é, por meio do Verbo; *e permanece em todas as coisas* no Espírito Santo.

São Paulo, escrevendo aos coríntios acerca dos dons espirituais, tudo refere a Deus Pai como princípio de todas as coisas, dizendo: *Há diversidade de dons, mas um mesmo é o Espírito. Há diversidade de ministérios, mas um mesmo é o Senhor. Há diferentes atividades, mas um mesmo Deus que realiza todas as coisas em todos* (1Cor 12,4-6).

Os dons que o Espírito distribui a cada um vêm do Pai por meio do Verbo. De fato, tudo o que é do Pai é do Filho; por conseguinte, as graças concedidas pelo Filho, no Espírito Santo, são dons do Pai. Igualmente, quando o Espírito está em nós, está em nós o Verbo, de quem recebemos o Espírito; e, como o Verbo, estão também o Pai. Assim se cumpre o que diz a escritura: *Eu e o Pai viremos a ele e nele faremos a nossa morada* (Jo 14,23). Pois onde está a luz, aí também está o esplendor da luz; e onde está o esplendor, aí também está a graça eficiente e esplendorosa.

São Paulo nos ensina tudo isto na segunda Carta aos coríntios, com as seguintes palavras: *A graça do Senhor Jesus Cristo, o amor de Deus e a comunhão do Espírito Santo estejam com todos vós* (2Cor 13,13). Com efeito, toda a graça que nos é dada em nome da Santíssima Trindade, vem do Pai, pelo Filho, no Espírito Santo. Assim, como toda a graça nos vem do Pai, por meio do Filho, assim também não podemos receber nenhuma graça senão no Espírito Santo. Realmente, participantes do Espírito Santo, possuímos o amor do Pai, a graça do Filho e a comunhão do mesmo Espírito.

Anexo 2

Quicumque[2]

1. Quem quiser salvar-se deve antes de tudo professar a fé católica.
2. Porque aquele que não a professar, integral e inviolavelmente, perecerá sem dúvida por toda a eternidade.
3. A fé católica consiste em adorar um só Deus em três Pessoas e três Pessoas em um só Deus.
4. Sem confundir as Pessoas nem separar a substância.
5. Porque uma é a Pessoa do Pai, outra a do Filho, outra a do Espírito Santo.
6. Mas uma só é a divindade do Pai, e do Filho, e do Espírito Santo, igual a glória, coeterna a majestade.
7. Tal como é o Pai, tal é o Filho, tal é o Espírito Santo.
8. O Pai é incriado, o Filho é incriado, o Espírito Santo é incriado.
9. O Pai é imenso, o Filho é imenso, o Espírito Santo é imenso.
10. O Pai é eterno, o Filho é eterno, o Espírito Santo é eterno.
11. E, contudo, não são três eternos, mas um só eterno.
12. Assim como não são três incriados, nem três imensos, mas um só incriado, um só imenso.
13. Da mesma maneira, o Pai é onipotente, o Filho é onipotente, o Espírito Santo é onipotente.
14. E, contudo, não são três onipotentes, mas um só onipotente.
15. Assim o Pai é Deus, o Filho é Deus, o Espírito Santo é Deus.
16. E, contudo, não são três deuses, mas um só Deus.

---

2 Documento do século V ou VI que contém a síntese do pensamento dos cinco primeiros séculos do cristianismo, seja pelas afirmações dos concílios de Niceia (325), Constantinopla (381) e Calcedônia (451), seja pelo pensamento patrístico de Santo Atanásio, Basílio de Cesareia, Hilário de Poitiers, João Crisóstomo, Agostinho de Hipona, entre outros. De autoria inicialmente atribuída a Atanásio, hoje questionada, de qualquer modo é considerado como uma profissão de fé, assim como o Símbolo (ou Credo) dos Apóstolos e o Símbolo (ou Credo) Niceno-Constantinopolitano (Denzinger, 2007, p. 40-41).

17. Do mesmo modo, o Pai é Senhor, o Filho é Senhor, o Espírito Santo é Senhor.
18. E, contudo, não são três senhores, mas um só Senhor.
19. Porque, assim como a verdade cristã nos manda confessar que cada uma das Pessoas é Deus e Senhor, do mesmo modo a religião católica nos proíbe dizer que são três deuses ou senhores.
20. O Pai não foi feito por ninguém: nem criado nem gerado.
21. O Filho procede do Pai: não foi feito nem criado, mas gerado.
22. O Espírito Santo não foi feito, nem criado, nem gerado, mas procede do Pai e do Filho.
23. Não há, pois, senão um só Pai, e não três Pais; um só Filho, e não três Filhos; um só Espírito Santo, e não três Espíritos Santos.
24. E nesta Trindade não há nem mais antigo nem menos antigo; nem maior nem menor, mas as três Pessoas são coeternas e iguais entre si.
25. De sorte que, como se disse acima, em tudo se deve adorar a unidade na Trindade e a Trindade na unidade.
26. Quem, pois, quiser salvar-se deve ter estes sentimentos a respeito da Trindade.
27. Mas para alcançar a salvação é necessário ainda crer firmemente na Encarnação de Nosso Senhor Jesus Cristo.
28. A pureza da nossa fé consiste, pois, em crer ainda e confessar que Nosso Senhor Jesus Cristo, Filho de Deus, é Deus e homem.
29. É Deus, gerado da substância do Pai desde toda a eternidade; é homem porque nasceu no tempo da substância de sua Mãe.
30. Deus perfeito e homem perfeito, com alma racional e carne humana.
31. Igual ao Pai segundo a divindade; menor que o Pai segundo a humanidade.
32. E embora seja Deus e homem, contudo não são dois, mas um só Cristo.

33. É um, não porque a divindade se tenha convertido em humanidade, mas porque Deus assumiu a humanidade.
34. Um, finalmente, não por confusão de substância, mas por unidade de Pessoa.
35. Porque, assim como a alma racional e o corpo formam um só homem, assim também a divindade e a humanidade formam um só Cristo.
36. Ele sofreu a morte por nossa salvação, desceu aos infernos e ao terceiro dia ressuscitou dos mortos.
37. Subiu ao Céu, e está sentado à direita de Deus Pai todo-poderoso, donde há de vir julgar os vivos e os mortos.
38. E quando vier, todos os homens ressuscitarão com seus corpos, para prestar contas de seus atos.
39. E os que tiverem praticado o bem irão para a vida eterna, e os maus para o fogo eterno.
40. Esta é a fé católica, e aquele que não a professar fiel e firmemente não se poderá salvar.

Respostas[1]

Capítulo 1

Atividades de autoavaliação

1. c
2. a
3. b
4. c
5. d

Atividades de aprendizagem

Questões para reflexão

1. A questão provoca o leitor a dizer se percebe Deus como Trindade em sua vida, em sua família, em sua vida eclesial e laboral. Trata-se de resposta de cunho subjetivo, para posterior partilha.

---

1 Todas as fontes citadas nesta seção constam na lista final de referências.

2. A Trindade imanente corresponde à teologia referida no item 236 do Catecismo da Igreja Católica, ao passo que a Trindade econômica diz respeito à *Oikonomia*. A primeira é concernente a Deus em si (eterna), servindo de fundamento transcendente para a história da salvação, que, por sua vez, é operada por meio da segunda, histórica, concernente a Deus para nós.
3. A resposta à questão é subjetiva, pois o leitor pode ou não concordar, desde que apresente argumentos consistentes para tanto. Particularmente, entendemos que o termo rahneriano *vice-versa* é equivocado, pois a Trindade imanente (ou eterna) se manifesta na Trindade econômica (ou histórica), mas nela não se exaure nem consuma. A Trindade econômica reflete a Trindade imanente, de modo culminante (Mistério Pascal como evento trinitário supremo), mas incompleto, porque a Trindade eterna tem plenitude em si mesma, não precisando ser realizada, aperfeiçoada ou esgotada numa manifestação salvífica. Dizendo de outra maneira, a Trindade econômica cabe toda na Trindade imanente, mas a Trindade imanente não cabe toda na Trindade econômica.

Atividade aplicada: prática

1. Em diversos momentos da Santa Missa se faz menção ao nome de Deus, manifestando-se em todos a Trindade. Porém, em determinados momentos, é feita menção expressa às Pessoas divinas trinitárias. A Santa Missa é composta por quatro momentos: Ritos Iniciais, Liturgia da Palavra, Liturgia Eucarística e Ritos Finais. Nos Ritos Iniciais, verificamos a menção à Trindade já por ocasião do sinal da cruz ("em nome do Pai e do Filho e do Espírito Santo"), seguido pela saudação sacerdotal ("a graça e a paz de nosso Senhor Jesus Cristo, o amor do Pai e a comunhão do Espírito Santo estejam convosco"). Igualmente, identificamos a menção a Deus Pai, seu Filho e o Espírito Santo durante o Hino de Louvor Glória ("Glória a

Espírito Santo num só corpo". Em outros dois momentos, todos os celebrantes proferem: "Lembrai-vos, ó Pai, da vossa Igreja" e "Lembrai-vos, ó Pai, dos vossos filhos". O desfecho da Oração Eucarística é feito pelo sacerdote por meio da doxologia "Por Cristo, com Cristo, em Cristo, a vós, Deus Pai todo-poderoso, na unidade do Espírito Santo, toda a honra e toda a glória, agora e para sempre", ao que todos respondem "Amém". Adentrando no rito da comunhão, o sacerdote, de braços abertos, diz em voz alta: "Senhor Jesus Cristo, dissestes aos vossos apóstolos: Eu vos deixo a paz, eu vos dou a minha paz. Não olheis os nossos pecados, mas a fé que anima vossa Igreja, dai-lhe, segundo o vosso desejo, a paz e a unidade. Vós, que sois Deus, com o Pai e o Espírito Santo", ao que todos respondem "Amém". Por derradeiro, nos Ritos Finais, o sacerdote profere a benção: "Abençoe-vos Deus todo-poderoso, Pai, Filho e Espírito Santo".

Capítulo 2
Atividades de autoavaliação
1. a
2. e
3. b
4. e
5. a

Atividades de aprendizagem
Questões para reflexão
1. Foi solicitada a pesquisa de outras fórmulas trinitárias, além das que foram expressamente mencionadas no capítulo. A nota de rodapé da p. 70 indica tais textos, que deverão ser compulsados e transcritos:

Deus nas alturas, e paz na terra aos homens por Ele amados. Senhor Deus, Rei dos céus, Deus Pai todo poderoso, nós vos louvamos, nós vos bendizemos, nós vos adoramos, nós vos glorificamos, nós vos damos graças por vossa imensa glória. Senhor Jesus Cristo, Filho Unigênito, Senhor Deus, Cordeiro de Deus, Filho de Deus Pai. Vós que tirais o pecado do mundo, tende piedade de nós. Vós que tirais o pecado do mundo, acolhei a nossa súplica. Vós que estais à direita do Pai, tende piedade de nós. Só vós sois Santo, só vós o Senhor, só vós o Altíssimo, Jesus Cristo, com o Espírito Santo, na glória de Deus Pai. Amém!"). Durante a Liturgia da Palavra, verificamos a menção às Pessoas divinas quando recitamos nossa profissão de fé (Símbolo dos Apóstolos ou Símbolo Niceno-Constantinopolitano). Durante a Liturgia Eucarística, notamos a menção à Pessoa do Pai, quando o sacerdote, no meio do altar e voltado para o povo, estendendo e unindo suas mãos, profere: "Orai, irmãos e irmãs, para que o nosso sacrifício seja aceito por Deus, Pai todo-poderoso". Durante a Oração Eucarística, dependendo do tempo litúrgico, diferem os prefácios, geralmente fazendo menção a Deus como Pai santo, eterno e todo-poderoso, também referindo Cristo por Vosso Filho. Na Oração Eucarística propriamente dita, também há menções, que variam segundo o tempo litúrgico. Assim, por exemplo, na Oração Eucarística II, depois de entoarmos "Santo, Santo, Santo" (numa alusão à Trindade), o sacerdote dá início à epiclese (da invocação do Espírito Santo sobre as oferendas), impondo as mãos sobre o cálice e proferindo: "Santificai, pois, estas oferendas, derramando sobre elas o vosso Espírito, a fim de que se tornem para nós o Corpo e o Sangue de Jesus Cristo, vosso Filho e Senhor nosso". Prosseguindo nessa Oração Eucarística, um pouco após a consagração, o sacerdote profere: "E nós vos suplicamos que, participando do Corpo e Sangue de Cristo, sejamos reunidos pelo

Passagem bíblica	Conteúdo
2Cor 1,21-22	"Mas o que nos confirma convosco em Cristo, e o que nos ungiu, é Deus, o qual também nos selou e deu o penhor do Espírito em nossos corações".
2Cor 3,3	"Porque já é manifesto que vós sois a carta de Cristo, ministrada por nós, e escrita, não com tinta, mas com o Espírito do Deus vivo; não em tábuas de pedra, mas nas tábuas de carne do coração".
Rm 14,17-18	"Porque o reino de Deus não é comida nem bebida, mas justiça, e paz, e alegria no Espírito Santo. Porque quem nisto serve a Cristo agradável é a Deus e aceito aos homens".
Rm 15,16	"Que seja ministro de Jesus Cristo para os gentios, ministrando o evangelho de Deus, para que seja agradável a oferta dos gentios, santificada pelo Espírito Santo".
Rm 15,30	"E rogo-vos, irmãos, por nosso Senhor Jesus Cristo e pelo amor do Espírito, que combatais comigo nas vossas orações por mim a Deus".
Fl 3,3	"Porque a circuncisão somos nós, que servimos a Deus em espírito, e nos gloriamos em Jesus Cristo, e não confiamos na carne".
2Ts 2,13-14	"Mas devemos sempre dar graças a Deus por vós, irmãos amados do Senhor, por vos ter Deus elegido desde o princípio para a salvação, em santificação do Espírito, e fé da verdade; para o que pelo nosso evangelho vos chamou, para alcançardes a glória de nosso Senhor Jesus Cristo".
Ef 2,20-22	"Edificados sobre o fundamento dos apóstolos e dos profetas, de que Jesus Cristo é a principal pedra da esquina; no qual todo o edifício, bem ajustado, cresce para templo santo no Senhor. No qual também vós juntamente sois edificados para morada de Deus em Espírito".
Ef 3,14-17	"Por causa disto me ponho de joelhos perante o Pai de nosso Senhor Jesus Cristo, do qual toda a família nos céus e na terra toma o nome, para que, segundo as riquezas da sua glória, vos conceda que sejais corroborados com poder pelo seu Espírito no homem interior; para que Cristo habite pela fé nos vossos corações".
Tt 3,4-6	"Mas quando se manifestaram a bondade e o amor pelos homens da parte de Deus, nosso Salvador, não por causa de atos de justiça por nós praticados, mas devido à sua misericórdia, ele nos salvou pelo lavar regenerador e renovador do Espírito Santo, que ele derramou sobre nós generosamente, por meio de Jesus Cristo, nosso Salvador".

2. A resposta desejada, à luz do que foi exposto no capítulo, reside precisamente em justificar seu título, ou seja, sobre a Trindade no Novo Testamento, indicando que a Revelação do mistério trinitário se deu para nós, precisamente, a partir da Pessoa de Jesus Cristo, o Filho de Deus, segunda Pessoa da Santíssima Trindade. Isso não significa dizer que não encontramos vestígios da Trindade no Antigo Testamento, mas é precisamente a Pessoa de Jesus que realiza o "descortinar do que estava oculto" (Oliveira, 2017, p. 31). Daí a associação de seu pensamento ao texto paulino, que expressamente enuncia que, diferentemente da inteligência obscurecida de Moisés, cuja leitura e compreensão do Antigo Testamento são simbolizadas pelo rosto coberto por um véu que permanece abaixado, os primeiros cristãos puderam levantá-lo, clarificando o conhecimento sobre a Trindade, o que só foi possível em Cristo.

Atividade aplicada: prática

1. A resposta pode ser encontrada na indicação de leitura apresentada ao final do capítulo. Hilário de Poitiers aprofunda a reflexão sobre a natureza divina e também humana de Jesus Cristo. Contrariando os que sustentam que somente o único Deus é bom, Hilário afirma que Jesus não estaria excluindo-se da bondade divina. Por sua vez, ao referir que o Pai é maior que ele, também se refere ao poder da natureza consciente de si. Hilário explica o sentido de cada uma das passagens, afirmando que Jesus Cristo é verdadeiro Deus e verdadeiro homem e que, em decorrência dessas duas naturezas nele presentes, "a nascer Homem, não deixa de ser Deus e, porque continua a existir com Deus, não deixa de ser Homem", daí porque o mistério das palavras que proferiu nessas passagens reflete o mistério de seu ser, devendo ser distinta nele não apenas a natureza humana e divina, mas de igual modo as palavras numa e noutra situação. Especificamente com relação à primeira passagem,

o bispo afirma que a maior intenção de Jesus foi repreender o jovem que o interrogava, pois ele se arrogava do cumprimento da lei sem verdadeiramente conhecer a Cristo. Para expressar tal reprimenda, Jesus valeu-se do recurso da negativa do adjetivo de *bom mestre*, sem que isso implicasse a rejeição dessa qualidade. Respondeu como humano a quem lhe interrogava como tal, censurando sua petulância na vanglória de cumprimento da lei, repreendendo uma fé sedimentada em opinião terrena sobre sua pessoa, para afirmar que apenas em Deus reside bondade.

Capítulo 3
Atividades de autoavaliação
1. a
2. e
3. c
4. e
5. d

Atividades de aprendizagem
Questões para reflexão

1. Atualmente, podemos considerar o espiritismo kardecista como uma doutrina que se aproxima do pensamento ariano.
2. Em matéria trinitária, poderíamos definir *helenização* como o uso da terminologia grega para explicar o cristianismo, porém não foi o que aconteceu. Ao contrário, na busca pela compreensão da Trindade, verificou-se a necessidade de invenção de uma terminologia própria do cristianismo, que acabou sendo incorporada pelo helenismo, num fenômeno que se convencionou identificar como uma inculturação da mensagem cristã aos pagãos. A terminologia grega, não contemplada na linguagem cristã, não implica uma helenização da mensagem, mas, ainda que essa ideia errônea prevaleça,

isso teria ocorrido apenas sob a perspectiva terminológica, pois, sob a perspectiva do conteúdo, a tradição promoveu uma "deselenização" do mistério trinitário.

Atividades aplicadas: prática

1. A questão solicita a elaboração de um quadro expositivo dos concílios tratados no Capítulo 3, com os respectivos conteúdos trinitários.

Concílio	Ano	Assunto[3]
Niceia	325	Convocado por Constantino, condenou a heresia ariana, afirmando o Filho consubstancial ao Pai.
I Constantinopla	381	Convocado por Teodósio, situou o Espírito Santo em igual divindade ao Pai e ao Filho, completando o Credo Niceno.
I Sínodo de Toledo	400	Adotou a cláusula *Filioque*, afirmando que o Espírito Santo procede do Pai e do Filho.
Calcedônia	451	Reafirma o Credo Niceno-Constantinopolitano, "união sem confusão; distinção sem separação": a primeira parte da fórmula exprime o "princípio ousiânico" (de natureza), e a segunda parte do "princípio hipostático" (de pessoa).
III Toledo	589	Também intercala a *Filioque*.
XI Toledo	675	As fórmulas que expressam a fé católica tradicional são claramente redigidas, reelaborando material de concílios toledanos anteriores e de grandes doutores da Igreja, como Santo Ambrósio, Santo Hilário e Santo Agostinho. Destaca mais a Trindade imanente do que a econômica, com visão mais estática do que dinâmica quanto às relações trinitárias, pela ausência de palavras como *Pericórese*, *comunhão*, *vida* e *amor*. A doutrina é mais abstrata, de tradição latina, notadamente agostiniana. Reproduz o esquema-chave de Calcedônia.
IV Latrão	1215	Maior concílio medieval, convocado por Inocêncio III, retomou fórmulas conciliares anteriores quanto à fé trinitária, sobretudo a do XI Concílio de Toledo, porém harmonizando a Trindade imanente (em si) e a Trindade econômica (como se manifestou a nós).

(continua)

3 O quadro foi elaborado com base na obra *Compêndio dos símbolos, definições e declarações de fé e moral*, de Denzinger (2007).

(conclusão)

Concílio	Ano	Assunto[3]
Basileia Ferrara Florença Roma	1431-1447	Convocado pelo Papa Eugenio IV, na Basileia, depois migrando para Ferrara e Florença, onde foi retomada a questão da *Filioque*, apenas resolvida aparentemente, permanecendo o cisma. Culminou em Roma. *Jacobitas* era a designação de um grupo de coptas e etíopes, de tradição monofisita, que foram convidados por Eugênio IV e que enviaram a Florença duas delegações, dispostas à união, as quais não tiveram êxito.

2. As heresias mencionadas nos cânones do I Concílio de Constantinopla (381) são, de acordo com Denzinger (2007): dos eunomianos (ou seja, dos anomeus); dos arianos (ou seja, dos eudoxianos); dos semiarianos (ou seja, dos pneumatômacos); dos sabelianos; dos marcelianos; dos fotinianos; e dos apolinaristas.

3. As imagens trinitárias desenvolvidas por Santo Agostinho, em sua obra sobre a Trindade, são:

Amans, amatus (quod amatur), amor	Livros VIII, 10, 14 e IX, 2, 2
Mens, notitia, amor	Livro IX, 4, 4
Memoria (sui), intelligentia (sui), voluntas (sui)	Livro X, 11, 17
Res (visio), visio (exterior), intentio	Livro XI, 2, 2
Memoria (sensibilis), visio (interior), volitio	Livro XI, 2, 6
Memoria (intellectus), scientia, voluntas	Livro XII, 15, 25
Scientia fidei, cogitatio, amor	Livro XIII, 20, 26
Memoria Dei, intelligentia Dei, amor in Deum	Livro XIV, 12, 15

Capítulo 4
Atividades de autoavaliação
1. a
2. c
3. a
4. e
5. b

Atividades de aprendizagem
Questões para reflexão
1. De um lado, a teologia trinitária ocidental recebeu a influência de Santo Agostinho, focalizando a Trindade imanente; de outro, a teologia trinitária oriental seguiu o pensamento dos Padres Capadócios, com ênfase na Trindade econômica. A teologia oriental conferiu maior importância à história da salvação, em fidelidade à via bíblica, ao passo que a teologia ocidental escolástica esteve centrada na unidade divina. A teologia oriental prioriza o princípio hipostático, fundando a unidade divina na Pessoa do Pai, do qual procedem o Filho e o Espírito Santo, ao passo que a teologia ocidental prioriza o princípio ousiânico, fundando a unidade divina na natureza ou essência divina que se personaliza nas três Pessoas. Nesse sentido, a teologia oriental segue a via bíblica, sob a lógica da história da salvação, enquanto a doutrina ocidental segue a via lógica, de caráter psicoantropológico, com ênfase na mente humana e, sob tal perspectiva, Deus é: mente, conhecimento e amor; existir, conhecer e querer.
2. De maneira sucinta, podemos afirmar que São Tomás de Aquino entende as relações como constitutivas das Pessoas; São Boa Ventura compreende que a constituição deriva das processões.

Atividades aplicadas: prática
1. A questão solicita que se realize, por meio de um quadro comparativo, a contraposição entre os modelos de compreensão trinitária desenvolvidos pelos padres gregos e latinos e o modelo segundo o qual a teologia moderna analisa a Trindade.

Abordagem oriental	Abordagem latina	Abordagem moderna
Base nos Capadócios.	Base em Santo Agostinho.	Teólogos pós-modernos.
Parte da Trindade econômica (revelada na história) em direção à Trindade imanente (em si mesma).	Ênfase na Trindade imanente.	Ênfase na comunhão recíproca.
Parte do Pai (princípio hipostático).	Parte da única natureza ou essência divina (princípio ousiânico).	Parte da comunhão entre as três pessoas (princípio pericorético).
Do Pai procedem o Filho e o Espírito Santo.	A natureza divina se personaliza nas três pessoas.	Dos três divinos chega-se à unidade de natureza.
Segue a via bíblica, sob a lógica da história da salvação, dominada pela ideia de origem.	Segue a via lógica, de caráter psicoantropológico, com ênfase na mente humana.	Segue a via existencial; com ênfase na experiência.
Concreta.	Maior abstração e frieza.	Aproximação quente e dinâmica.
Fundam a unidade divina no Pai.	Fundam a unidade divina na essência.	Fundam a unidade divina no amor.

2. Jürgen Moltmann, evangélico contemporâneo, radica sua teologia trinitária sob a influência da teologia oriental, refutando a tradição de Santo Agostinho e seus seguidores, em torno do que denomina "concepção monoteísta de Deus". Sua grande contribuição consiste em resgatar o conhecimento de Deus pela via soteriológica, ou seja, salvífica, pensando a Trindade numa integração entre cristologia e soteriologia. Fundamentando sua doutrina trinitária na história da salvação, esse teólogo considerou que a Trindade, além de econômica, também é social, embasada num conceito de relação que situa a unidade na comunidade compartilhada das três Pessoas, em Pericórese. Adepto do axioma de Karl Rahner, reconhece a Trindade econômica como imanente, e vice-versa, porém conferindo-lhe o sentido especial de que a Trindade econômica

precede a Trindade imanente, nela se completando e consumando, em dimensão escatológica.

Capítulo 5
Atividades de autoavaliação
1. b
2. e
3. e
4. a
5. d

Atividades de aprendizagem
Questões para reflexão

1. O capadócio Gregório de Nissa afirmava que a Trindade sempre opera em conjunto, nunca separadamente, ainda que cada Pessoa tenha uma função específica, pois se trata de um único Deus, destacando a consubstancialidade existente. Por sua vez, nesse agir divino, que nós vislumbramos como uma única operação, cada Pessoa está presente segundo sua propriedade pessoal, que é o modo que lhe é próprio na Trindade. Por esse motivo, "cada pessoa divina realiza a obra comum segundo sua propriedade pessoal" (CIC, n. 258). Ora, se três são as Pessoas divinas, três são as propriedades pessoais.

2. Vimos que são quatro as relações (paternidade, filiação, espiração ativa e espiração passiva) correspondentes às noções. Ocorre que, por meio da noção, a partir da origem da Pessoa divina (princípio ou termo), podemos conhecer cada uma das Pessoas trinitárias. Já o conhecimento por meio da relação decorre da oposição existente entre as Pessoas no interior da Trindade. Ou seja, a paternidade se opõe à filiação, e vice-versa, assim como a espiração ativa se opõe à espiração ativa. Entretanto, não podemos afirmar a existência

de uma oposição entre a paternidade e a inascibilidade, sendo que ambas convivem na mesma Pessoa do Pai, diferentemente da oposição entre paternidade e filiação, na qual há uma distinção real; todavia, a paternidade e a inascibilidade são aspectos indistintos no plano real, isto é, presentes na mesma Pessoa. Assim, a compreensão da categoria *noção* deve ser precedida do estudo das relações, pois são as relações que nos permitem conhecer as Pessoas divinas e, ao mesmo tempo, identificar em Deus Pai uma razão primeira e originária, que não decorre de produção alguma, atinente à sua condição de origem de todas as coisas, que o Magistério da Igreja denomina pelos termos *ingênito, incriado* ou mesmo *ingerado*.

Atividade aplicada: prática

1. É importante considerar as informações apresentadas no quadro a seguir sobre a Doutrina da Trindade.

Conceitos	Significado
Uma natureza (*natura*) (*ousía*, em grego)	Termo empregado na teologia trinitária como sinônimo de *essência* ou *substância*, designando o que as três Pessoas divinas têm em comum, definindo sua unidade.
Duas processões (*processio*)	Termo que designa a procedência do Filho e do Espírito Santo: A processão do Filho, pelo Pai, ocorre pela geração. A processão do Espírito Santo, pelo Pai e pelo filho, ocorre pela espiração.
Duas espirações (*spiratio*)	Termo que designa a procedência do Espírito Santo, distinguindo-se: A espiração ativa designa a processão pelo Pai e pelo Filho. A espiração passiva diz respeito à própria Pessoa do Espírito Santo.
Três Pessoas (*persona*) (*hypóstasis*, em grego)	Termo que designa, na unidade da Trindade, o Pai, o Filho e o Espírito Santo, na distinção real entre Si.
Três propriedades (*proprietas*)	Característica específica e exclusiva de uma Pessoa divina, que não se comunica com as demais, mas que não distingue uma das outras na substância.

(continua)

(conclusão)

Conceitos	Significado
Quatro relações (*relatio*)	Termo que designa o modo de existência pessoal, a partir de oposições entre as Pessoas divinas e que permite a distinção na referência recíproca de umas às outras (paternidade, filiação, espiração ativa e espiração passiva).
Cinco noções (*notio*)	Termo que designa o modo pelo qual conhecemos as Pessoas trinitárias a partir de sua origem (princípio ou termo): inascibilidade, paternidade do Pai; filiação do Filho; espiração comum do Pai e do Filho; e espiração passiva do Espírito Santo.
Pericórese (*circumincessio* ou *circuminsessio*, em latim) (*perikóresis*, em grego)	Termo que designa a interpenetração das Pessoas divinas. A terminologia grega ten um sentido mais dinâmico, indicando "um com o outro" ou mesmo "um para e pelo outro", significando "enlace", "intercomunhão", "mútuo envolvimento", "abraço", ao passo que as terminologias latinas apresentam sentido mais estático, indicando "um no outro", podendo ser traduzidas como "inabitação mútua", "imanência recíproca", "inerência", "inexistência".

Fonte: Elaborado com base em Beinert; Stubenrauch, 2015.

Capítulo 6
Atividades de autoavaliação
1. e
2. a
3. e
4. b
5. e

Atividades de aprendizagem
Questões para reflexão
1. Trata-se de resposta de cunho subjetivo, para posterior partilha. Entretanto, as atitudes devem guardar relação com os aspectos sociais da vida trinitária, que foram estudados neste capítulo, quais sejam: pessoal, conjugal, familiar, eclesial, comunitário e ecológico, este penúltimo envolvendo também as perspectivas examinadas.

2. A questão solicita que o leitor indique as consequências mais importantes para o relacionamento consigo, com os outros e com o mundo. Também se trata de resposta de cunho subjetivo, para posterior partilha.

Atividade aplicada: prática

1. Também se trata de resposta de cunho subjetivo, para posterior partilha. Sugerimos, no entanto, que um bom indicativo de resposta passa pela leitura da obra do Papa Bento XVI, ainda apenas Joseph Ratzinger, quando da preleção sobre a fé no Deus Trino em sua *Introdução ao cristianismo*, na qual distingue a relação do cristão com a pessoalidade divina daquela estabelecida com uma energia transcendente.

Sobre a autora

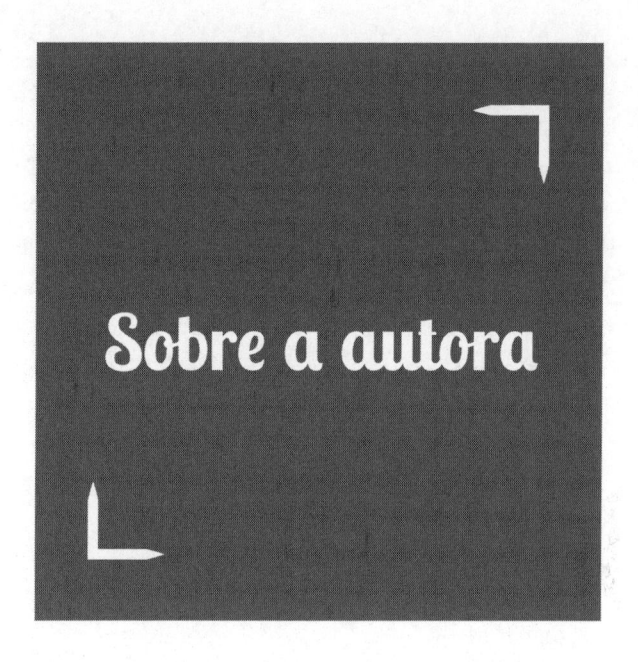

Elizabete Aparecida Pereira é mestre e graduada em Teologia pela Pontifícia Universidade Católica do Paraná (PUCPR), tendo recebido o Prêmio Marcelino Champagnat pela obtenção do melhor desempenho da Turma de 2014. É mestranda no Programa de Pós-Graduação em Direito da PUCPR, na área de concentração Direito Socioambiental e Sustentabilidade, na linha de pesquisa *Justiça, Democracia e Direitos Humanos*. Tem especialização em Direito Previdenciário pelo Centro Universitário Curitiba (UNICURITIBA) e graduação em Direito pela Universidade Federal do Paraná (UFPR). É professora colaboradora do Centro Universitário Uninter, sendo responsável pela elaboração de material didático ou instrucional da disciplina Trindade, do curso de Teologia Católica, bem como pela elaboração de banco de questões da disciplina Introdução à Ciência da Religião e Direito Canônico. É assessora parlamentar no Senado Federal e atua como pesquisadora voluntária no Grupo de Pesquisa Virada de Copérnico, do Núcleo de Estudos em Direito Civil-Constitucional, do Programa de Pós-Graduação em Direito da UFPR. É palestrante em Encontros de Formação para Agentes da Pastoral em diversas paróquias da Arquidiocese de Curitiba e da Diocese de São José dos Pinhais. Atuou como assessora para a Infância e a Adolescência junto às Pontifícias Obras Missionárias, no período de 2009 a 2011, nas comunidades da Paróquia São José do Capão Raso, retomando a atividade de 2018 a 2019, na Comunidade Sagrado Coração, da Paróquia São Rafael, ambas vinculadas à Arquidiocese de Curitiba.

Impressão:
Abril/2020